知识产权质押法律问题研究

罗丽娅 ◎ 著

中国书籍出版社
China Book Press

图书在版编目（CIP）数据

知识产权质押法律问题研究 / 罗丽娅著 . -- 北京：中国书籍出版社 , 2024.6

ISBN 978-7-5068-9881-2

Ⅰ.①知… Ⅱ.①罗… Ⅲ.①知识产权—抵押—融资风险—金融法—研究—中国 Ⅳ.① D922.282.4

中国国家版本馆 CIP 数据核字（2024）第 101123 号

知识产权质押法律问题研究

罗丽娅 著

图书策划	成晓春
责任编辑	吴化强
封面设计	博健文化
责任印制	孙马飞　马 芝
出版发行	中国书籍出版社
地　　址	北京市丰台区三路居路 97 号（邮编：100073）
电　　话	（010）52257143（总编室）　（010）52257140（发行部）
电子邮箱	eo@chinabp.com.cn
经　　销	全国新华书店
印　　刷	天津和萱印刷有限公司
开　　本	710 毫米 ×1000 毫米　1/16
字　　数	202 千字
印　　张	11.75
版　　次	2025 年 1 月第 1 版
印　　次	2025 年 1 月第 1 次印刷
书　　号	ISBN 978-7-5068-9881-2
定　　价	69.00 元

版权所有　翻印必究

前　言

随着社会的进步和发展，我们已经逐渐进入了知识经济时代，在这个时代中，知识产权和劳动力、资本一样，具有重要的生产要素地位。知识产权已经成为继人力、财力、物力之后的第四种重要资源，是对生产产生直接或间接影响的关键资源。在质量不断提升、经济增长方式转变加快的大背景下，知识产权在经济生活中的重要性日渐凸显，其经济价值不仅是企业提升核心竞争力的重要资源，也是企业获得可持续发展能力的关键。

资源的使用方式可以分为两种，一种是直接使用其具备的功能，被称为"功能性使用"，另一种是将其作为担保物进行使用，被称为"价值性使用"。通常，具备担保性的资产是有限的。由于担保资源的稀缺性，信贷支持成为经济发展不可或缺的元素。由于银行通常需要通过担保来支持融资活动和金融产品，个人在没有提供担保的情况下申请贷款往往会遭到银行的拒绝。因而，担保品和资金的重要程度几乎相等。知识产权的经济属性体现在资源上，而这种资源的利用价值主要体现在担保价值上。因此，知识产权是一种稀缺性资源。

知识产权质押是一种以知识产权为抵押的融资形式。更具体地说，拥有知识产权的人可以将自己合法的专利权、商标专用权、著作权等作为抵押品，从银行或其他融资机构获得资金，并根据预先设定的还款计划来偿还本金和利息。可以作为质押的知识产权一般为驰名商标、著名商标企业的商标所有权，科技型企业的发明专利、实用新型专利，计算机软件著作权等。目前我国许多大型城市都在尝试针对中小企业知识产权的质押贷款试点活动。但其中也存在一些问题，还需要更多的措施来进行完善。

在内容上，本书共分为六个章节，第一章为质押概论，主要就知识产权法——质押概念和特征、知识产权质押制度两个方面展开论述；第二章为知识产权质押模式及法律问题分析，主要围绕知识产权质押模式、主要的法律风险、产生的原因三个方面展开论述；第三章为著作权的质押，依次介绍了著作权的主体与客体、著作权的内容、著作权的质押三个方面的内容；第四章为专利权的质押，依次介绍了专利权的主体与对象、专利权的内容、专利权的质押三个方面；第五章为商标权的质押，分为三部分内容，依次是商标权的对象、商标权的内容、商标权的质押；第六章为知识产权质押融资风险防范的完善，主要从完善知识产权质押融资法律制度、建立知识产权质押评估体系、设立知识产权质押融资保险、鼓励多方参与共担风险四个方面展开研究。

在撰写本书的过程中，作者参考了大量的学术文献，得到了许多专家学者的帮助，在此表示真诚感谢。本书内容系统全面，论述条理清晰、深入浅出，但由于作者水平有限，书中难免有疏漏之处，希望广大同行及时指正。

目 录

第一章 质押概论 ··· 1
第一节 知识产权法——质押概念和特征 ··· 1
第二节 知识产权质押制度 ··· 3

第二章 知识产权质押模式及法律问题分析 ··· 17
第一节 知识产权质押模式 ··· 17
第二节 主要的法律风险 ··· 25
第三节 产生的原因 ··· 28

第三章 著作权的质押 ··· 35
第一节 著作权的主体与客体 ··· 35
第二节 著作权的内容 ··· 45
第三节 著作权的质押 ··· 50

第四章 专利权的质押 ··· 89
第一节 专利权的主体与对象 ··· 89
第二节 专利权的内容 ··· 99
第三节 专利权的质押 ··· 109

第五章 商标权的质押 ··· 136
第一节 商标权的对象 ··· 136

第二节　商标权的内容 ··· 138
　　第三节　商标权的质押 ··· 143

第六章　知识产权质押融资风险防范的完善 ············· 157
　　第一节　完善知识产权质押融资法律制度 ················· 157
　　第二节　建立知识产权质押评估体系 ······················· 159
　　第三节　设立知识产权质押融资保险 ······················· 164
　　第四节　鼓励多方参与共担风险 ····························· 170

参考文献 ··· 179

第一章 质押概论

知识产权，是"基于创造成果和工商标记依法产生的权利的统称"。本章为质押概论，主要就知识产权法——质押概念和特征、知识产权质押制度两个方面展开论述。

第一节 知识产权法——质押概念和特征

一、质押以及知识产权质押

质押指的是债务人或第三方为了抵押其债权而将财产交给占有债权人的做法，以将其作为债权的担保措施。在债务人无法偿还债务的情况下，债权人可通过降价出售、拍卖等方式变卖债务人的财产，以优先补偿自己的债权。

知识产权质押指的是将知识产权作为抵押品，以确保债务人或第三方能够履行债务。当债务人无法履行债务时，债权人有权以知识产权作为抵押品进行变卖、拍卖或出售，并将扣除相关成本后所得款项用于优先偿还债务。作为担保制度中的一种权利质押类型，知识产权质押与抵押、保证等担保方式目的相同，均以保证债务人履行债务、债权人实现权利为目的。

在知识产权质押法律关系中，出质人是对知识产权享有处分权并将其作为债权担保的主体，债权人为质权人，知识产权为质押物。如前文所述，质权人在享有优先受偿权、孳息收取权、质权保全权和留置证书权等权利的同时，还须承担相应的义务以保持知识产权的实际担保功能。

值得注意的是，知识产权所具有的时间性、地域性等特点不可避免地会对知识产权质权人的利益产生影响。具体而言，包括：（1）知识产权具有时间性。出质后，可能发生知识产权因超过法定保护期限而丧失法律保护、因不使用或未付续展费而失效、因他人异议而被主管部门宣告无效等风险。因此，质权人在与出质人签订知识产权质押合同时，必须明确出质的知识产权仍处于法律保护期内；（2）知识产权具有地域性。根据一国或地区知识产权法所取得的知识产权的效力只限于本国境内，不具有域外效力，质权人只能在有限的区域范围内实现质权。设定知识产权质权亦应在有效的时间内和地域内，否则即为无效的设定。

各国法律对权利质押标的条件的要求近乎一致，各国普遍认为，权利质押标的至少需要具备两个要件：一是该权利须为财产权；二是该权利可以让与。有的学者认为，并非所有可让与的知识产权财产权都可以成为质押标的，知识产权质押标的物还需要适宜出质。作者认为，出质的知识产权需要具备以下基本条件：（1）为具有财产性的财产权。知识产权质押以知识产权的交换价值来保障债权的实现，故知识产权标的物应存在能以金钱衡量的可能性。因此，知识产权中的人身权，如著作权中的发表权、署名权、保护作品完整权以及专利权中的署名权等不能出质；（2）为具有可转让性的知识产权。知识产权质押实质上是一种价值权质押，以取得设质权利的价值来担保债权的优先受偿。非财产权利不具有市场交换价值，从根本上违背了担保物权的价值功能要求，因而不能出质，例如，发明人领取奖金的权利不能成为质押的标的；（3）为具有适质性的知识产权。社会的快速发展催生出许多新的知识产权客体，知识产权权能体系不断细化，产生了很多从属权利，如未来著作权、专利申请权、商标申请权等。这些权利虽具备财产性和可让与性，但由于其本身的不确定性可能影响担保物价值的稳定，与质押作为债权担保的功能不完全相符，并不适宜出质。

二、知识产权质押的特征

知识产权质押的特征体现在以下三个方面。

第一，质权人对知识产权的占有是一种虚拟占有。由于知识产权具有非物质性，质权人并非实际控制知识产权，所以质权人对知识产权是一种虚拟占有。

第二，知识产权的利用程度受限。知识产权出质后，知识产权权利主体不变，但知识产权所有人行使权利受到了限制。该限制体现为两个方面：一是未经质权人同意，出质人不得转让已出质的知识产权或许可他人使用；二是未经出质人同意，质权人不得使用、处分已出质的知识产权。

第三，知识产权质权自登记后方为设立。知识产权质押登记旨在公示，保护交易安全。一方面，可使第三人能够预知知识产权权利状态；另一方面，可以避免出质人私自处分知识产权的风险，有效保护当事人的合法利益。

第二节 知识产权质押制度

一、我国知识产权质押制度的主要内容

（一）知识产权质押的客体

就知识产权质押的客体，立法上规定比较概括。1995年颁布的《中华人民共和国担保法》是知识产权质押融资在我国发展的一个标志性法律文件，该法第75条规定，依法可以转让的商标专用权、专利权、著作权中的财产权可以质押。

我国质押的知识产权有所扩大，包含了除商标专用权、专利权、著作权中的财产权外，还包括其他形式的知识产权，从文义解释的角度看，例如，商业秘密、地理坐标、植物新品种、集成电路设备专有权等均应包括在内，但是实践中主要限于明确列举的几种知识产权，具备以下特点。

（1）客体的非物质性。"非物质性"一词在知识产权的领域表示其专有权利没有对实际的物质方面进行控制、损失或转移，而是指无形的占有、使用和处分方式。由于知识产品的特性，知识产权质押不会牵扯到权属转移。当知识产权被出质期间，出质人有可能进行一些正常的经营活动，例如出售或授权他人使用知识产权，这些活动可能会降低知识产权的价值，进而对于担保债权的实现会产生不利影响。而且，这些活动难以被有效监管，原因在于它们超出了贷款银行的认知范围。与动产质押担保的物品转移所有权相比，债权的保障程度并不理想。

（2）价值的不确定性。知识产权之所以有价值，是因为它能够为持有者带来关于未来收益的预期。因此，知识产权的价值在很大程度上是难以预测的。债权人不愿意接受知识产权质押担保的主要原因往往在于，与动产担保相比，知识产权质押担保的价值并不稳定。主合同债权能够得以实现的基础条件，在于担保物的价值稳定性。随着市场、技术、经济等方面的变化和相关技术的成熟与更新，

再加上专利期限的逐渐缩短，专利权的价值将逐渐降低。所以，在专利质押期间，我们应该充分发掘和利用专利技术的潜力，将其转化为可真正实施的生产能力，以确保债权得到有效保障。商标权的价值与商标使用者严密保护其商标声誉和严格控制产品质量密不可分。随着产品质量不断改善和品牌知名度不断扩大，商标权的价值也会逐渐增长。如果商标出现问题，其品牌价值将受到严重影响，进而导致商标权的价值急速减少，乃至失去商业意义。如果一件商标在连续的三年内未被使用，它的所有权将被废除。所以，在商标权质押的期限内，商标所有人必须有效地使用商标，维护产品质量和商标声誉，这样有助于其确保商标抵押协议的各项条款义务得到履行。

（3）变现的高成本性。质押的本质是以质押物作为抵押物，实现债权的担保，并借此达成交换价值的目的。银行发放担保贷款的主要目的是确保债权人在债务到期时能够如期偿付，并确保还款足额且及时。从知识产权质押角度看，考虑到技术、市场、法律、商品信誉等多方面的因素，知识产权的转让或他人使用的限制较多；此外，相对于有形财产，知识产权的流动性相对较低，因此，对人们来说，处置知识产权要比处置有形财产会更具挑战性。另外，将知识产权转换为货币之前必须经过专家评估，并严格遵守转让程序，这需要耗费许多人力、物力和财力。因此，将其转换成现实金钱的成本通常比其他物权更高。目前，国内普遍存在着知识产权意识不足的问题，加之知识产权交易市场尚未完善，导致知识产权的实际价值难以被有效地变现。与拥有有形财产的担保物相比，知识产权质押担保较难变现是导致债权人对于接受知识产权质押担保意愿不大的主要因素。

（二）知识产权出质人的义务

在权利出质之后，出质人需征得质权人同意才能进行转让或授权他人使用，否则将会构成违规。经过出质人和质权人的共同同意，出质人就可以对知识产权进行转移或授权给第三方使用。不过，无论是在理论层面还是在实际操作中，该规定都存在不合理之处。

理论上，担保物权建立在债权有效存在的基础上，旨在保证债权得到偿付。通过这种保障机制，担保物品的优先受偿付权被确认为债权人的专属权利，这对债权的效力作了进一步的加强与补充，并且该规定同样适用于专利权质权。担保物权的主要特征是：可以优先行使对担保物的处分权，以使债权得到充分保障。

因此，担保物权与以物品使用产生的利益为目标的用益物权之间，存在显著区别。在用益物权方面，权利人可以对标的物直接进行使用、利用，或者以其为基础获得收益；而担保物权的目的是通过支配标的物的交换价值来确保优先受偿，而不是直接使用、利用其获取收益或者利用标的物本身。由于上述客观差异，我们也可将用益物权称作实体权，将担保物权称作价值权。正是因为存在这种差异，人们才有可能将财产性权利分为两种不同形式：用益物权和担保物权。

专利持有人有多种方式可以利用专利权获取资金收益，包括进行专利抵押贷款，或者许可实施专利权或对其进行授权。特别是在法律规定质权可用于实现收益、许可使用费等盈利时，质押专利权的实施和许可使用可能不会对质权人带来任何利益层面的损害。据某些学者所述，持有质权意味着具备支配相关质物交易价值的权利，而不影响出质人对质物进行交易或使用。所以，仅仅依赖质权来限制出质人转让或授权使用出质专利权是不可取的，需考虑具体情况。除此之外，财产性权利所拥有的物品还能够发挥两个方面的作用：首先，利用其所具有的使用价值，可为生产和经营提供实际支持；其次，使用债权人可以获得的有价值物品来做信用担保，可以确保债务能够得到偿还，并且借款人能够获得所需的资金和技术设备等资源。在考虑财产性权利对社会经济的效益时，同时使上述两方面发挥作用是必不可少的。

从实践层面探究，我们不难发现，当前的规定在对待专利权作为质权标的时有失偏颇。专利权作为一种独特的知识产权，其经济价值的实现方式与传统的质权标的存在显著差异。专利权的价值主要体现在其转让、实施以及许可实施的过程中，通过这些环节，专利权人能够获取经济收益并实现其经济价值的最大化。因此，任何对专利权转让、实施和许可实施的限制，都会直接影响专利权人的经济利益。

从专利权人的角度来看，他们的利益被明显忽视。专利权是一种有时间限制的权利，它只在法律规定的期间内受到保护。这就意味着，如果在这个期间内，专利权被限制了转让、实施和许可实施，那么专利权人就无法充分利用其专利权来获取经济收益，这对于专利权人来说无疑是一种利益的损失，质权人的利益也并未得到充分保障。尽管立法者的初衷可能是希望通过限制专利权的转让和许可实施，来防止出质人的行为损害质权人的利益。但实际上，这种做法往往会适得其反。因为，如果专利权人担心其专利权被限制而无法充分转让、实施和许可实施，那么他们可能会选择不进行质押，这样反而会让质权人失去了获得质权的机会。这种做法也对专利技术的转化产生不利影响。在我国，专利技术的转化率一直较低，这已经成为制约我国科技进步和创新的一个显著问题。而专利技术的转让、许可实施，正是推动专利技术产业化的重要手段。因此，限制专利权的转让、实施和许可实施，无疑是与促进专利技术产业化的目标背道而驰的。

（三）知识产权质押登记机关和程序

知识产权质押的一般法律服务流程包括：企业基本状况的尽职调查、融资机构贷前的尽职调查、选择适当的质押融资机构、对知识产权的经济价值评估、出质人与银行签订借款合同、签订知识产权质押融资合同、确定知识产权质押担保机构等内容。基于商标权、专利权与版权质押的不同特点，质押登记机关与程序都有不同的规范化要求。

（四）知识产权质押价值评估制度

在过去，人们常常采用成本投入或市场参照的方式来评估知识产权质押担保的价值，其结果往往不尽如人意。目前，借助于资产评估的价值探寻特性，我们能够更为高效地应对这个难题。凭借长期的评估实践、适宜的人员分配和深厚的理论背景，评估机构在实地评估中可以准确地确定抵押物的价值，并评估借款人偿还贷款的风险能力，还可以有效提升银行业务空间，为银行提供更多发展机遇。

2010年8月12日，财政部、工业和信息化部、国家知识产权局、国家工商行政管理总局、国家版权局联合发布《关于加强知识产权质押融资与评估管理支持中小企业发展的通知》，再次表明了他们支持中小企业发展的决心，并明确表示要改善评估管理体系，以推动知识产权质押融资和评估等。根据该文件，相关机构应该积极推广专业评估服务，以鼓励商业银行、融资性担保机构和中小企业普遍应用该项服务。合格的评估机构需要获得财政部门的认可，被授权后进行专业评估，以支持知识产权抵押。为确保融资性担保机构、商业银行、中小企业正确评估从委托方处获取知识产权质押融资业务，它们需要获得相关指导。另外，我们还应该重视评估报告中的披露细节，并根据相关规范合理有效地使用评估机构所提供的评估报告。

一般而言，知识产权价值评估制度包括以下内容。

（1）评估主体。通过充分利用评估专业的优势，我们可以更为准确地评估知识产权抵押品的价值。商业银行的主要经营目标是在保持合规稳健的前提下，尽可能多地创造利润。在知识产权质押贷款中，专利技术可被当作抵押品。但是，由于其具备复杂和专业的特点，人们很难确定其财务经营状况和未来发展前景，也难以准确评估专利的价值。因此，银行在确定应该提供多少贷款时，往往会遇到困难。也就是说，银行在将专利资产作为抵押品进行贷款时面临一定的限制。评估机构凭借其专业知识和客观性，可以为银行信贷作业提供更为深入且全面的信息分析和更加科学的决策建议，同时能够综合考虑各种因素。举例而言，在山东，一家造纸厂采用了一项专利技术，每年都可以从垃圾废物处理费用中节约几百万元。尽管银行认可该企业专利技术的价值，但它所面临的挑战是如何准确评估该技术的价值和落实方式，这就是银行制定放贷计划时需要妥善解决的问题。此外，银行面临的另一个棘手问题是如何确定企业技术价值与其整体价值之间的关系，以及如何将质押物转化为可独立处置的形式。评估机构经过详细研究该造纸厂的生产工艺和流程后，得出了这样的结论：该技术的主要优点在于能够降低企业的运营成本。评估机构利用专业技术，将技术价值与企业价值分开考虑，最终确定了抵押资产的估值。银行在引入质押贷款业务时，获得了评估机构提供的专业知识支持，其贷款风险在很大程度上得到了降低。

（2）评估价值。忽略资产评估的重要性是极不可取的，因为它对于银行的抵押贷款业务至关重要。企业可以通过资产评估确定其价值，并据此探索融资的可行性。从1998年开始，抵押和担保贷款已成为商业银行常见的贷款方式之一。尽管企业拥有知识产权等丰富资产，但它们很难满足商业银行对具体有形资产抵押的贷款要求。

（3）评估标准。建立相关制度并规范知识产权质押评估，可为研究相关权利质押提供极其重要的正面影响。为了更好地支持创新型国家的建设和维护知识产权，我们需要加强对知识产权资产的评估管理，并规范评估行为。这样做可以确保知识产权资产评估更好地适应我们的发展需求，也能更好地支持我们的知识产权保护工作。国家知识产权局与财政部于2006年4月共同发布了《关于加强知识产权资产评估管理工作若干问题的通知》（以下简称《通知》），以规范知识产权的管理工作。按照该文件，在进行知识产权评估时，我们必须遵循相应法律法规并选择得到财政部门认可的资产评估机构。评估机构必须遵守国家相关法规和行业管理制度的要求，要具备正确的资产评估规范理解和执行的能力，同时要具备相关的技术标准和专业知识，以保证评估结果合理准确。与此同时，评估机构必须按照资产评估规程操作，以确保对知识产权资产的价值进行准确评估并提交报告。

（4）评估准则。我们需要进一步完善我国现有的知识产权质押评估规范，以提高其规范性和准确性。虽然我国已经构建了无形资产评估标准，但它的可行性还有待商榷。此外，针对包括专利技术、专有技术、商标和版权等不同类型的知识产权，目前我国还没有确切的评估准则。鉴于知识产权种类和属性极为多样，目前我国尚无适用于所有情况的完整评估标准。这就导致评估质量的准确衡量变得困难，进而影响了公众对评估结果的信任度。此外，对评估报告质量进行有效监管，也是行业管理部门需要攻克的难关。世界上第一个针对无形资产评估制定规范性、准则性文件的国家是美国。现如今，中国资产评估协会计划根据无形资产评估准则，制定更详尽的评估指南，以完善知识产权评估的框架，为专利、商标、著作权等领域提供更专业的评估标准。除此之外，该协会计划加强对知识产权评估领域的研究，并逐步创建一个覆盖全面的知识产权评估数据平台。在作者看来，中国资产评估协会可以采取的一种措施是建立一个完善的知识产权抵押品质量评估报告备案制度。国家知识产权局需要严格执行知识产权评估报告报备制度，以加快建立和完善知识产权数据库的建设进度，还要推行共享机制，并搜集相关资讯信息，为资产评估工作提供数据支持。

（5）评估方法。关于知识产权的价值，根据对象的评估特点、类型、目的以及外部的环境大致存在三种评估方法：收益法、成本法、质押法。这些方法既存在不同差异，又有各自的不足，因此，对质押对象要全面考察，合理分析、选择方法。

二、我国知识产权质押政策制度的特点

从以上对我国知识产权质押融资的政策制度分析可以看出，总体上，我国知识产权质押是在政府主导下逐步摸索推进的，制度生成可能也要遵循"试点一批、成熟一个、制定一个"的逻辑，具体有以下几个特点。

（一）具有阶段性

迄今为止，我国知识产权质押制度大体上经历了两个阶段：第一个阶段，起始于1995年颁布的《中华人民共和国担保法》，为知识产权质押贷款提供了基本的法律依据。2005年，国家知识产权局出台了《商标专用权质押登记程序》和《专利权质押合同登记管理暂行办法》；2010年，颁布了《专利权质押登记办法》和《著作权质权登记办法》，也为知识产权质押融资提供了具体操作方面的规定。2007年颁布的《物权法》则扩大了《担保法》规定的质押客体范围，巩固了知识产权以担保形式从商业银行质押贷款的地位；第二个阶段，从2008年国务院确立《知识产权战略发展纲要》至今。2008年修改后的《科学技术进步法》第18条规定，"国家鼓励金融机构开展知识产权质押业务，鼓励和引导金融机构在信贷等方面支持科学技术应用和高新技术产业发展……政策性金融机构应当在其业务范围内，为科学技术应用和高新技术产业发展优先提供金融服务"，表明国家鼓励和支持知识产权质押融资业务，其后相应的立法、政策纷纷出台，为知识产权质押实践提供了制度依据。

（二）具有一定的制约性

知识产权质押是债务人或第三方以其拥有的特定知识产权作为抵押物向债权人融资的行为，以此来作为借贷的保障。简而言之，这是以合法有效的知识产权为标的设定质押的债的担保方式。在法律性质方面，知识产权质押是以知识产权为标的的债务的担保方式；在法律构成方面，知识产权质押以标的适格、合意为关键要件；在法律效力层面，知识产权质押的法律效力在于出质知识产权的登记与质押权人对拟制转移占有的知识产权依法享有质押权。质押与抵押的区别在于是否转移标的占有。我国是以质押模式设立了知识产权担保制度，但在所谓的知识产权质押中，对知识产权的准占有并没有转移，采取登记生效等特点，因此其名为知识产权质押，实为知识产权抵押。抵押对于"动产"和"不动产"都适用，而质押仅适用于"动产"和"权利"。因而，知识产权被归类于质押担保的范畴之中，并与诸如债权和票据权利等齐肩而立。立法者没有进一步明确区分公众应当使用质押还是抵押来保障权利，而是将所有情况都归为"权利质押"。这无疑是受我国现有立法体系制约的结果。

（三）与产业政策的契合性

政府主导下的知识产权质押政策制度与国家的产业政策密切相关。如前期的知识产权质押实践主要以专利权为质押标的，从国家到地方的政策制度也围绕专利权质押展开，而专利权主要集中在高科技行业。随着我国产业结构逐渐升级，国家不仅注重传统产业的发展，还关注传统产业向现代产业的升级，从物质产业向精神产业发展。以北京、上海、广州、深圳等为代表，文化创意产业发展较早，关于知识产权质押的金融扶持政策陆续颁布实施。国务院发布《文化产业振兴规划》之后，各地相继出台有关文件，并设置相应机构专门负责知识产权质押工作，进行相关的指导扶助。总体而言，知识产权质押政策制度与国家产业政策的指向具备契合性。

（四）应商业实践的创新性

在知识产权质押的商业实践中，基于知识产权本身价值的不确定性，为了确保债权不能实现时，知识产权质押也能够实现担保的功能，使之具有相对的确定性，采用两种担保：第一种是采取以集合财产（或组合财产、人身）作为担保物，也就是以集体担保的方式，将企业内所有的物、所有的财产和所有的权利结合为一个整体。这个方案的优势是，它通过对所有财产进行合并，可以实现更高程度的价值增长，而非简单地把各项财产的价值相加。其涉及品牌、经营权、声誉和知识产权等。这些财产相互融合，并与生产条件互相影响，所产生的使用价值不仅仅体现在单独交易价格上，而是更为综合和复杂。此外，根据该方案，将集体财产作为抵押，就可以对其加以运用。以整体形式出售集合财产能够带来更大的回报，可超越将其中各个组成部分逐一出售。而且，受让人对于集体财产的接纳程度较高；第二种可行的方案是将知识产权收益作为担保，用于抵押，以此作为融资的基础。以担保物权为标准，社会财富可分为动产和不动产两种主要类型。其中，前者又包括存货、机械设备、应收账款。在涉及物权保护时，我们需要谨慎看待的是，应收账款的定义与通常会计术语所描述的概念存在着根本的差异，它所包含的范围更加广阔，属于企业通过出售商品、提供劳务或许可他人使用企业资产所形成的债务，而且在预期范围内，这种债务将产生一定的现金流量。许可他人使用或转让知识产权可以帮助企业获得资金收益，这种收益其本质与通过应收账款获得的收益相似。所以，就担保层面的法律而言，知识产权质押融资与应收账款质押融资相似，前者可被视为后者的一个分支，且拥有相似的担保效果。在许多西方国家中，知识产权往往被视为不能用作抵押物进行融资的资产，它们的法律并没有对此作出详细规定。即便是那些拥有最完善、最成熟动产担保法律体系，且高度重视知识产权认可和保护的国家，如美国和加拿大，也没有规定明确的担保物权优先级。除此之外，其他国家的法律还采用了替代方案。如果知识产权能够带来稳定、可预测的现金流，那么这些国家的公民可以考虑使用收款优先权保护条款来保护其权益。如今，应收账款融资已被110多个国家的法律所认可。这些国家包含以大陆法系为主和以普通法系为主的两种法制体系国家，涉及发达国家与发展中国家两种不同发展阶段的国家。很多国家中，将抵押资产债务用于融资已成为一个被广泛运用的传统信用方式，并经过了长期的验证。显然，知识产权抵押制度需要不断更新和发展，才能满足商业界的需求。

三、国外知识产权质押制度及借鉴

（一）国外知识产权质押制度的发展

知识产权质押融资在发达国家商业实践中适用较早，特别是美国、日本、德国和韩国虽然在具体实施中出现各种问题，但这些国家也在不断地予以修正，对我国推行知识产权质押融资具有重要的借鉴价值。

1. 日本知识产权质押制度

20世纪90年代开始，日本一直没有摆脱"泡沫经济"的影响，近些年又受到中国等新型产业国家的冲击，日本政府深刻地感觉到自身产业模式的局限性。所以，2001年，日本制定《文化艺术振兴基本法》之后逐渐通过《租税特别措施法》与《内容产业振兴法》等单行法。2002年7月，该国制定出《知识产权法发展战略纲要》，同年12月又出台了《知识产权基本法》。在日本实现"技术赶超"的道路上，加强知识产权的制度建设成为其重要手段。它确立了"推进实施创造、保护、利用知识产权的政策措施、振兴科学技术、强化国际竞争力"的战略。此外，随着知识产权的不断发展，构建知识产权融资体系已经逐渐成为日本社会的重要任务。因此，为了推广知识产权质押融资的担保机制，日本政府采取了一系列积极措施。日本1950年制定的《文化财产保护法》，源于战争对传统文化资产的破坏所产生的危机感。这也是人类历史上第一次明确以法律形式为无形文化财产提供保护，其中规定了无形文化财产保持人的认定制度和文化财产登记制度。在制度保护下提升效率与水平，促进无形财产及内容产业的保护与活用。除了质押融资之外，日本还通过《信托业法》的修订补充了利用信托来进行知识融资的形式。在动画、电影等领域还有合伙、"特殊目的事业体"（SPV）等形式的融资方式。

2. 美国知识产权抵押制度

美国知识产权抵押融资体现为早期的实践先行和及时的统一规范。早在1876年，托马斯·爱迪生就用白炽灯的专利作为借款担保，创办了爱迪生电灯公司，并于1892年与汤姆森·休斯敦电器公司合并，成立通用电气公司。至今通用电气公司仍是成功科技企业的代表，在美国知识产权所有者协会公布的2018年美国实用新型专利授予机构的300强名单中，通用电气公司名列第四。随着知识产权价值及其认知程度的相应提升，美国知识产权融资的数量和价值都在20世纪末有了大幅度增加。这一点从美国知识产权相关案例的数量上也有所体现。美国知识产权的担保融资影响几乎辐射到全部涉及知识产权的行业，如生物制药、医疗、银行、能源、技术、通信、娱乐、传媒和食品行业等。在行业实践的过程中金融融资产品随之丰富，也涌现出许多以知识产权质押融资为特色的专门性机构，如美国硅谷银行等。

美国并没有调整知识产权抵押融资的专门法律，而是通过《美国统一商法典》等一系列法律法规完善知识产权法律担保体系。《美国统一商法典》中第九编动产抵押（Personal Property Mortgage）的规定，也适用于包括诸如专利、商标、版权以及商业秘密等知识产权在内的无形财产（General Intangibles）。而且根据《美国统一商法典》第9311条，知识产权应由联邦法规条文等调整，在涉及各州法和联邦法的冲突时，优先考虑联邦法律，换句话说，专利、商标和版权的抵押融资在美国由联邦法律和法规统一约束。这从某种程度上解决了各州广泛存在的担保法冲突问题，同时也简化了担保形式、降低了知识产权的质押融资成本、强化了知识产权质押程序的稳定性。

3. 德国知识产权质押制度

金融体系以信贷为基础，由金融机构主导，金融机构的实力甚至能够影响产业发展。在德国，企业（特别是中小企业）是最活跃的创新主体。德国采用积极的政策，包括以财政资金为杠杆带动社会资本，以政策性银行为先导带动商业信贷，同时设立信用保证协会等信用担保平台，利用包含知识产权担保融资在内的多种融资途径，以便服务科技企业。因此，金融体系中的知识产权质押行为，便完全交由金融机构主导，以市场化融资为主，政府不参与担保、评估与信用评级。

4.韩国知识产权质押制度

韩国是东亚模式的另一个典型代表。自20世纪中叶以来，韩国通过《信用担保基金法》《技术开发促进法》《中小企业系列化促进法》《专业信贷金融业法》等一系列政策法规，加强政策性金融的支持措施，规范融资担保的对象、模式和金额，充分利用非市场的政府资源成立各种融资机构，在对知识产权采用直接投资的同时，逐渐推广知识产权证券化的融资方式，且收效甚大。韩国知识产权质押融资模式的特点表现为财政与政策性信贷机制、信用担保机制、风险投资机制和科技资本市场机制相结合，且由政府强势主导干预。1989年，韩国设立了为高新技术中小企业提供信用担保的专门机构（KTCGF）。2000年，该国设立韩国技术产权交易所KTTC作为专门的知识产权质押融资的专业场所，提供专业的技术转让数据库和转让网络，服务知识产权转让方和需求方的信息对接。

韩国对知识产权投资实行税前扣除、对技术转让收入减免税收，此外通过政策性贷款、技术开发基金和信用担保基金等多种形式对知识产权提供融资支持。韩国技术金融公司针对知识产权等具体项目投融资时，除了要求专家评审，对科技成果的市场前景进行评估外，还要求对知识产权持有者的信用和经营能力进行考察，经过相关的程序后，根据综合分析和判断作出最终决策。

（二）国外知识产权质押制度对我国的启示

1.立法定位对知识产权质押制度的推行有重大影响

在知识产权质押制度发展较早的一些国家，企业在利用知识产权融资担保方面已经形成一些行之有效的制度，形式上比我们讨论得更为多样。如《美国统一商法典》第九编专门规定包括知识产权在内的动产担保交易，规定除了质押方式之外，其他如抵押、附条件买卖等皆可成为知识产权担保交易方式；《日本民法典》与知识产权法共同规制著作权、专利、商标等知识产权质权制度；《韩国知识产权基本法》第25条关于促进知识产权的应用方式，包括知识产权质押与抵押担保；

我国台湾地区在"民法物权编"规定为权利质权制度。国内对知识产权质押的规定如前所述，散见于《物权法》等法律之中，知识产权的商业化利用缺少统一的法律规定。

2. 知识产权质押客体范围对商业化利用产生正向激励

我国知识产权质押客体范围主要有两方面的问题，一方面法律规定较为狭窄，法律的限定有较大的制约作用；另一方面相关法律规则不具体，理论上还存在许多争议。对此，《美国统一商法典》中的法律规定将其作为动产担保交易的类型对待的形式值得借鉴。扩展担保类别，对促进企业融资具有正向激励的作用。风险控制最终可以交由市场主体双方去评估、认可。与美国相比，日本在知识产权质押融资方面的规定显得尤为细致和明确。首先，日本工业产权明确包括发明专利、实用新型和外观设计，这些类型的工业产权因其创新性和实用性而在质押融资中占据重要地位。其次，日本也将著作权纳入可质押的知识产权范畴，涵盖了文学艺术、音乐、电影、软件程序和数据库等多个领域。此外，半导体集成电路布图设计、植物新品种和商品包装形态等也被视为可质押的知识产权。这些规定不仅体现了日本对知识产权的高度重视，也为其国内的创新和技术发展提供了坚实的法律保障。值得一提的是，日本还允许以知识产权使用费或利用知识产权生产产品的制造系统全体或工厂作为质押物，这进一步拓宽了知识产权质押融资的应用范围，为企业融资提供了更多选择。在这样的法律框架下，日本的知识产权质押融资市场得以健康有序发展。企业和个人可以通过质押其拥有的知识产权来获得所需的资金支持，从而促进技术创新和商业发展。同时，明确的法律规定也为金融机构提供了清晰的操作指南，降低了风险，提高了融资效率。可以说，日本在知识产权质押融资方面的法律规定为整个社会的创新和发展提供了有力的支撑和保障。前述这些知识产权类型可以单独作为质押融资的对象，也可以组合进行质押融资，但专利申请公开前的专利权，不具有可流通性以及担保价值不能充分评估认定的知识产权被排除在融资对象之外。

3. 政府对知识产权质押的支持和监管体系至关重要

美国经济学家齐斯曼将各国金融体系归纳为三种模式：第一种是以美国为模型，其金融体系以资本市场为基础，通过竞争性价格分配资源，与公司主导的调整战略联系在一起。第二种是金融体系以信贷为基础，由国家主导，政府通过管制金融产品价格有目的地塑造特定产业部门,日本和法国属于这种情况。第三种是德国式样,其金融体系以信贷为基础,但是由金融机构主导,金融机构的实力能够影响产业并创造协商式现代资本主义模式。各国金融体系的模式直接影响了知识产权质押融资在各国的制度实践。

在美国模式的金融体系中,企业在初创阶段,基于资本自身对风险和收益的评估准则,起到关键作用的是天使投资。大多数天使投资人自身也是优秀的创业者,因此在创新价值的发现与培育上有独特的眼光。美国在20世纪50年代实施了以政府为核心的"小企业投资公司"计划,旨在支持小型企业的发展,并设立了部分"小型企业投资公司"。以这份计划为基础,投资人只需向风险投资项目投入1美元,就能获取4美元的低息贷款和独特的税收优惠待遇,这是由美国小企业管理局(SBA)提供的。此外,该计划旨在推动科技型企业在资本市场筹集初期资金工作,同时保护风险投资者的切身权益。当企业渐入正轨,一些较大的风险投资机构就会对其进行评估,并考虑是否作进一步投资。在这些投资中,估值比重很大甚至最大的往往就是知识产权,包括一个独特的创意、一种新的商业模式、一本著作、一首歌曲、一部电影等等,都成为市场化融资的主要标的。在市场化融资中,企业以知识产权或信用为基础,以商业贷款、发行债券股票等商业化融资为手段筹集资金并加以运用,市场化的民间金融机构和资本是知识产权融资的主要来源,美国小企业管理局在担保过程中,不直接提供贷款,也不提供足额的担保,而是为担保增信,并对此类贷款设置了合理期限以确保中小企业专注于自身发展,快速提升企业实力。美国金融体系对于创新创业的支持非常有效,因此其也是值得借鉴的对象。特别是小企业管理局充分扮演了政策方针制定者和公共服务提供者的角色,政府机构在融资过程中应积极为企业和银行搭建良好的沟通平台。

日本模式也被称为政策投资银行模式(DBJ),知识产权质押融资以政策投资银行融资为主协同其他商业银行。基于《日本信用保证协会法》成立的信用担保协会作为政策性金融机构,为中小企业提供信用担保,提升融资水平,由中小企业信用保险公库提供信用保险,作为直接债务融资模式的补充。中小企业以质押知识产权贷款申请信用保证,由协会调查审核后,发出《信用保证书》,随后发放贷款。审核调查包括对质押的知识产权进行价值评估和法律风险评估,也包括对企业信用状况的初步审查。融资企业如果没有按时偿还贷款，协会就需要弥补提供担保的金融机构的损失，信用保险公库和地方政府会按7∶3的比例对中小企业知识产权质押融资债务进行偿还。当企业无法偿还贷款时，信用保证协会就会通过拍卖等市场化方式处置质押的知识产权。由于日本没有知识产权流通市场，企业以知识产权质押融资时，形式上是知识产权融资担保，实质上仍考察企业经营状况的特殊模式。

  我国的金融体系与前述第二种模式更接近。中国知识产权质押融资起步较晚，但增长迅速。2023年，全国专利商标质押融资额达8539.9亿元，同比增长75.4%，惠及企业3.7万家。[①]然而，中国目前的专利权质押登记量与有效发明专利和信贷规模相比都严重失调。对比各国知识产权质押融资的制度和历史发展，有利于我们提出真正的产业促进制度。在金融市场中主要是银行借贷市场，知识产权质押融资机制主要体现为银行借贷支持机制，这与从国家层面进行经济辅助的手段有较大差异。无论是国库编列预算支出的补贴、奖助金、国立基金提供的贷款、债务保证，还是租税优惠，国家给予知识产权的经济辅助手段不可避免地受到非市场化的影响。知识产权只有进入商业化阶段，才有可能产生稳定的现金流，在此之前准确评估知识产权的价值存在较大风险，这也导致知识产权质押融资的规模、质量、期限和金额都偏低。政府在资金上的主导性支持，势必转化为在内容上的引导，既不利于多元社会的建立，也不符合知识产权自身的发展特性。特别是在公正的评鉴体系以及市场化的知识产权交易流通渠道建立以前，更要警惕行政之手的强势干预。

[①] 中国政府网.2023年全国专利商标质押融资同比增长75.4%——知识产权专利转化运用加速推进[EB/OL].（2024—01—05）[2024—01—19].https://www.gov.cn/lianbo/bumen/202401/content_6924386.htm.

第二章 知识产权质押模式及法律问题分析

知识产权作为一种重要的权利制度,能够为权利人带来一定期限的垄断权益,从而提升权利人的经济收益。本章为知识产权质押模式及法律问题分析,主要围绕知识产权质押模式、主要的法律风险、产生的原因三个方面展开论述。

第一节 知识产权质押模式

从国家的角度来讲,知识产权制度的建立能够鼓励社会主体积极参与到技术创新、文学艺术作品创作、经营性活动的开展等活动中,从而促进科学技术的发展、文化的繁荣和经济的增长。知识产权制度的建立能够保障权利人的合法权益,助推社会经济发展,具有较强的正外部性作用。企业作为市场经济的重要主体,先进的科学技术是其抢占市场份额的重要基础。对知识产权进行质押,实现"知本"与"资本"的有效对接,获得更多的资金,可以减少企业进行技术创新和产品生产时的资金压力,帮助企业更好地发展。知识产权质押涉及国家法律法规和政策、知识产权评估等方面,是一项综合性、系统性的工程。我国在开展知识产权质押工作时,可以借鉴美国、日本等国家在这方面的经验,再结合国情,构建符合我国实际情况的知识产权质押模式,以期更好地提升我国知识产权的利用率。

一、美国的知识产权质押模式

美国是世界上知识产权拥有量较多的国家之一,知识经济的快速发展带来了巨大的经济效益。美国奉行的经济自由化政策,使市场在经济发展中发挥了重要的作用,知识产权与市场融资相结合的知识产权质押融资应运而生。美国知识产权质押的良好发展离不开法律制度的保障。《美国联邦统一商法典》《美国专利法》《美国商标法》等多部法律为知识产权质押提供了法律保障。《美国联邦统一商法典》第9编将知识产权纳入动产的范畴，关于动产抵押的相关条款适用于知识产权质押。

在美国知识产权法律体系中，知识产权是被广泛视作可以作为抵押品的资产，不仅涉及传统工业产权，还涵盖商业秘密、集成电路布图设计和其他形式的知识产权。此外，这类知识产权在质押方式的设定上，不受任何限制。在美国，知识产权质押比较灵活，既可以将专利、商标、版权等知识产权单独进行质押，也可以将知识产权与其他物品一起进行抵押，这样可以为质押权人提供更多的选择，保障质押权人的合法权益。作为质押权人的金融机构，在知识产权质押开始之初，可以对知识产权的权属状态进行调查，对知识产权的价值进行评估，以确定是否进行质押。质押的双方当事人签订协议作为知识产权质押成立的基础，协议对知识产权的权属状态进行记载，对双方的权利义务进行明确。美国对知识产权质押采取登记对抗主义，不以登记作为质押的生效要件，登记的主要作用是可以确认质押协议是否符合《美国联邦统一商法典》《美国专利法》《美国商标法》的规定。

美国作为英美法系的国家之一，判例是其主要的法律渊源。已有的对知识产权质押案件的审理结果，对其他相同类型的案件的审理有指导作用。

（一）美国小企业局担保模式

第二次世界大战期间，因战争的需要，美国中小企业有了较好的发展机遇。1942年，美国设立"小军火工厂管理公司"，为生产战备物资的中小企业提供融资担保服务。朝鲜战争期间，美国设立"小型国防企业局"，为生产武器装备的小型国防企业提供订单、融资服务等。1953年，美国成立了小企业局（The U.S.Small Business Administration，简写SBA），为小企业提供贷款担保、管理咨询等服务，以帮助小企业的发展壮大。1958年，美国正式明确小企业局为联邦永久性政府机构。美国早期的质押贷款更重视企业的经营状况、现金流量等，对知识产权的认识不足，这不利于知识产权质押的开展。为了化解这一困境，美国小企业局积极与金融机构进行联系，为中小企业的知识产权质押提供中介服务。美国小企业局不直接向企业提供贷款服务，而是提供担保服务，以增加企业的信用保证，从而帮助企业获得贷款。就知识产权质押而言，企业要向美国小企业局提出信用担保申请，由小企业局进行资料审查；企业通过审查后，小企业局向企业出具担保，由企业向银行进行质押贷款。对于企业的违约行为，小企业局会按照协议的要求，对知识产权予以处置，以偿还银行的贷款。在这一模式下，小企业局对企业的担保申请的审核比较重要，这就要对企业的经营状况、盈利状况、知识产权权属等进行详细审查，以最大限度地减少知识产权质押的风险。小企业局为企业提供担保的同时，企业股东也要将个人的财产按一定比例予以担保，以减少政府承担的风险。银行通过加强对知识产权的评估，对需要进行质押的知识产权进行筛选；通过拟定质押协议加强对知识产权许可收益的控制，以降低银行的风险。通过企业、小企业局和银行三方的有效合作，能够将知识产权质押的风险降到最低。美国小企业局担保的模式，主要以市场为导向，为知识产权质押提供中介服务，鼓励企业和银行签订知识产权质押合同，发挥政府引导、激励市场经济的作用。

（二）质押资产购买价格机制

随着科技创新活动的增多，美国知识产权的数量也在不断增加，知识产权为企业带来重要的竞争力，也成为资本市场的重要投资。美国的M·CAM公司在2000年推出了一种独特的知识产权抵押模式。M·CAM是一家全球金融服务公司，专注于为企业和投资者提供财务和资产评估、整合以及担保投资项目等领域的咨询服务，其重点关注知识产权和无形资产，以及帮助客户寻找最佳解决方案。M·CAM提供了一项名为CAPP的专业服务（Collateral Asset Purchase Price，简写CAPP）——质押资产购买价格机制，它的目的是为知识产权信用担保质押融资提供支持。在CAPP模式下，企业将作为担保的知识产权预售给M·CAM公司，由M·CAM公司让企业在质押中的信用增强，从而提升知识产权质押申请的成功率，也可降低银行在知识产权质押中的风险。M·CAM公司对企业提供的知识产权进行严格审查，以减少公司面临的风险，首先对知识产权进行严格评估，以确定是否具有担保价值；再次对申请人、知识产权的权属、企业经营状况等关键信息进行审查，了解申请人的相关信息，减少知识产权质押存在的风险，为担保决策提供依据；最后对知识产权的使用情况进行监控，了解知识产权的收益及贬值情况，做好应对措施，以保障知识产权质押各方的权益。当企业发生违约行为，不能按时归还银行贷款时，可以按照预定的价格将知识产权卖给M·CAM公司。CAPP模式整合了社会资金，对有投资价值的知识产权进行质押担保，促进了科学技术的转化，为企业的发展提供了资金帮助。

二、日本的知识产权质押模式

第二次世界大战后，日本开始重视科学技术的发展，确立了"引进与创新"的科技发展之路，以促进日本社会的发展和经济的繁荣。通过对外国先进技术的引进，日本享受到了先进科学技术对社会发展所带来的好处。进入20世纪80年代后，日本更加重视科学技术的原始创新，鼓励和支持本国企业、科研机构开展技术研发，制定了一系列支持自主创新的政策和计划：1981年，日本制定《创造性科学技术推进制度》鼓励官、产、学开展技术创新互动。1986年，制定的《科学技术政策大纲》明确了日本科学技术发展的七个重点领域。伴随着对科学技术活动的鼓励政策，产生了一大批科技创新成果，形成了丰富的知识产权。1999年，为适应新时期的历史任务、更好地发挥开发性金融机构功能，日本政府重组日本开发银行和北海道东北开发公库，成立日本政策投资银行（DBJ），并将总部设在东京。DBJ成立后，投融资活动集中在社区发展、环保和可持续发展、创造新科技和产业三个方面。日本政策投资银行作为日本政府出资的银行，其资金流向具有较强的政策引导性，承担着对经济发展予以保障、支持的任务。2002年，日本制定了《知识产权法发展战略纲要》和《知识产权基本法》，进一步明确了保护知识产权、促进科学技术进步的重要性。知识产权质押作为提升知识产权使用率，帮助企业获得贷款的重要方式，能够促进技术创新活动的开展。

对知识产权进行质押融资是日本政策投资银行重要业务之一，其经过20多年的发展，取得了较好的成果，助推了日本社会和经济的发展。日本政策投资银行开展的知识产权质押主要是针对中小企业进行的。长期以来，银行需要对固定资产进行抵押才能贷款，而中小企业受制于资产少、缺乏固定资产，在银行贷款难度比较大，不利于自身的发展。为了解决中小企业融资难的问题，日本政策投资银行推出了知识产权质押融资的业务，对拥有知识产权的中小企业提供质押贷款，帮助他们发展。在日本可以质押的知识产权包括：（1）发明专利、实用新型外观设计、商标的工业产权；（2）以文学艺术、音乐、电影、软件程序、数据库等为主的著作权；（3）半导体集成电路布图设计、植物新品种、商品包装形态；（4）以知识产权使用费作为质押融资；（5）通过知识产权单独质押来融资，不如将利用知识产权生产产品的制造系统全体或者将工厂（该产业相关资产的全部）作为知识产权质押融资的对象。以上知识产权要进行质押贷款，必须是已经获得法律确认，能够进行质押的知识产权。该知识产权具有流通性，能够在市场上自由流通，且经济价值能够通过评估予以确定。日本投资政策银行在开展知识产权质押时，也会通过严格的审核制度对知识产权进行审核和筛选，以降低银行的风险，审核主要通过对知识产权的事前审查、法律权属审查、价值评估、协议拟定、设定担保和事后监管等进行。日本政策投资银行作为日本知识产权质押开展的主要金融机构，积累了较丰富的经验，也在不断地完善和提升知识产权质押的实效。日本政策投资银行也会联合其他的金融机构开展知识产权质押，以减弱自身的风险。

三、我国知识产权质押模式

创新是国家发展、民族振兴的重要动力，只有坚持走创新型国家建设的道路，不断提升国家、社会、企业和个人的创新能力，获得更多世界领先的科技成果，国家才能屹立于世界舞台的中央，企业才能在市场竞争中处于不败之地。加强对知识产权的保护和运用，是激励社会主体开展创新活动、维护创新主体合法权益、推动国家发展的重要措施。知识产权质押作为知识产权保护和运用的重要方式之一，有利于提高知识产权的利用率，帮助企业解决融资难问题，助推企业和社会发展。

（一）市场主导的北京模式

北京是我国的首都，是国际化的大都市，也是我国政治、经济、文化和科技创新的中心，拥有一大批科研机构、高等院校、世界500强企业，科技创新能力强。国家知识产权局专利管理司和知识产权发展研究中心联合发布的《2017年全国专利实力状况报告》显示，北京在全国专利综合实力排行中居于第二名的位置，显现出较强的创新能力。北京作为重要的金融城市，拥有较强的金融资本实力，作为表现为一定期限垄断性权利的知识产权也成为金融资本追逐的对象。北京也为科技成果与金融资金的有机结合制定了政策措施、完善了服务体系，促进了知识产权质押的发展。经过长期的发展，北京形成了自己的知识产权质押模式，助推了企业发展和金融机构业务的拓展。

2006年8月16日，由北京市知识产权局发起的首都知识产权"百千对接工程"项目正式启动。百千对接工程通过政府为专利代理机构和企业搭建合作平台，解决了知识产权质押中信息不对称的问题，让专利代理机构为企业提供更好的知识产权服务。2007年4月，北京市知识产权局与交通银行北京分行签订《首都知识产权"百千对接工程"——知识产权质押融资战略合作框架协议》，协议约定：由交通银行北京分行提供20亿资金，为中小企业拥有的专利权、商标权等知识产权提供质押贷款。交通银行北京分行推出了一款叫"展业通"的知识产权质押融资产品，用于满足企业知识产权质押融资的需要。"展业通"主要是为拥有发明专利、实用新型专利、商标专用权的中小企业提供质押贷款；并对贷款用途进行了限定，只能作为企业生产中的正常资金使用，不得挪作他用；最高贷款额度为1000万，贷款期限为1—3年。在协议的指导下，大兴区知识产权局首先对申请知识产权质押企业的资信情况和经营情况进行把关，再由评估机构和法律服务机构进行知识产权价值和法律权属审核，最后由金融机构进行最后决定。2008年底，北京市海淀区被国家知识产权局确定为全国首批知识产权质押试点单位。《海淀区知识产权质押贷款贴息管理办法》（以下简称《办法》）于2009年3月23日修订，对知识产权质押中享受贴息的范围和方式、项目申报和管理等内容进行了规定。《办法》第3条指出贴息资金从科委部门预算中列支，每年不超过1000万元。第6条明确指出享受贴息的企业是"海淀区注册的中小型高新技术企业及创新企业"[①]。

2012年8月3日，国家发展改革委、科技部、财政部、人民银行、税务总局、银监会（现银保监会）、证监会、保监会、外汇局、北京市人民政府联合发布了《关于中关村国家自主创新示范区建设国家科技金融创新中心的意见》，确立了"坚持政策引领，服务国家战略，强化部市联动工作机制；坚持市场导向，创新体制机制，强化市场配置金融资源的基础性作用；坚持需求带动，加强资源整合，强化金融服务的系统创新；坚持先行先试，深化改革开放，加快创新政策的试点步伐；坚持产融结合，促进良性互动，实现科技产业与金融产业的共赢发展"的原则。2021年，《北京市"十四五"时期知识产权发展规划》正式发布，这为深入推进北京知识产权高质量发展，支撑全市率先基本实现社会主义现代化提供有效知识产权保障。

---

① 北京市海淀区人民政府.海淀区知识产权质押贷款贴息管理办法[EB/OL].（2009-04-01）[2024—01—19].https://zyk.bjhd.gov.cn/jbdt/auto10489_51767/zfwj_57152/201810/t20181003_3524356.shtml.

从以上内容可以看出，在知识产权质押的北京模式中，政府、企业、金融机构、评估机构、律师事务所等单位共同参与的知识产权质押中，政府部门的主要任务是为企业和金融机构提供知识产权服务，包括搭建平台、制定政策、完善知识产权评估和法律服务机制，引导金融机构开展知识产权质押，而不直接参与到企业和金融机构的知识产权质押个案中。知识产权质押充分发挥市场机制，由金融机构对企业申报的知识产权质押项目进行选择，并最终决定是否进行知识产权质押贷款。交通银行北京分行和北京银行积极主动参与到知识产权质押中，与政府签订协议，为企业进行知识产权质押提供贷款。同时，政府、评估机构和律师事务所为知识产权质押提供相应服务，以减少金融机构的质押风险，帮助中小型科技企业发展。

（二）政府主导的上海浦东模式

上海作为国际大都市，在科技创新方面拥有自己独特的优势，拥有众多的科技型企业、研发中心、国家级实验室等单位，为科技创新提供了强有力的人才支撑。同时，上海是我国重要的金融中心之一，拥有较强的金融资本实力，能够为科技创新提供有力的资金支持。上海市政府重视科技创新活动的开展，建立了一批创新服务平台，以满足科技创新活动的需要。知识产权质押作为科技成果与金融资本的有效结合方式，提升了知识产权利用率，解决企业资金困难的问题，具有较强的正外部性作用。上海市结合自身特点，发挥政府的职能作用，充分利用金融资源优势，形成了知识产权质押的上海模式，助推了经济、社会和科技的发展。

上海市包括金融服务办公室、知识产权局、财政局在内的七个机构于2009年7月22日共同发布了一份通知——《关于本市促进知识产权质押融资工作实施意见的通知》（以下简称《通知》），目的在于推动知识产权质押融资工作的落实。该《通知》提出了八个方面的要求，旨在推动知识产权质押融资工作加速进行，其具体内容涉及改善服务平台、促进市级知识产权抵押融资工作联席会议、创新抵押融资方式、进行资产评估、建立多方风险分担机制、发展抵押物交易市场、完善保障措施并实行试点措施。这些内容的重要目的是推进知识产权质押融资这一领域的发展。促进知识产权质押融资工作联席会议的建立强化了成员单位之间的沟通、协调和合作，对全市知识产权质押融资工作起到了指导、推进和协调的作用。按照《通知》的要求，上海市财政局、金融服务办公室和知识产权局于 2010 年 7 月 5 日联合印发了《上海市知识产权质押评估实施办法（试行）》和《上海市知识产权质押评估技术规范（试行）》两个规范性文件，以指导知识产权评估工作的开展，为知识产权质押提供了可靠的评估数据。在联席会的指导下，上海市建设了知识产权质押融资服务平台，为知识产权质押提供相应服务。

浦东新区作为上海市重要的金融、科技和经济发展高地，重视科技创新和金融发展，成立了浦东生产力促进中心，为科技型企业提供知识产权质押担保。为引导金融资本服务于知识产权，解决企业的资金缺口问题，帮助企业更好地进行科技创新和科技成果转化，浦东新区制定了《浦东新区科技发展基金知识产权质押融资专项资金操作细则》（以下简称《细则》）。《细则》的制定为知识产权质押工作开展提供依据，进一步明确了知识产权质押的操作流程。

《细则》规定：浦东新区每年按照 2000 万专项资金存入浦东生产力促进中心的专户，银行按照 2—2.5 倍扩大知识产权质押融资贷款规模；生产力促进中心对申请进行知识产权质押的企业进行审查，看企业是否符合申请条件，是否具有还款能力，并对知识产权价值进行评估；生产力促进中心对审查通过的企业向银行提供不超过知识产权价值 80% 的担保；企业、业主和生产力促进中心签订协议，以该知识产权和业主信用为内容提供单笔 200 万元以下的反担保。

作为由政府出资的担保专项资金和由政府设置的生产力促进中心在上海浦东模式的知识产权质押中发挥了主要作用，其承担了出资、审核、评估、担保、反担保等工作，为金融机构分担了风险，也为企业提供了良好的服务。浦东新区政府每年出资 2000 万元，银行相应配套 2—2.5 倍的知识产权质押贷款金额，从而放大了政府资金的效果。生产力促进中心对企业申请的知识产权进行审核和评估，并由其向银行提供担保，将自己置于担保合同中，帮助银行减少质押风险，更好地促进了知识产权质押融资工作的开展。将企业的知识产权和业主的信用纳入反担保范围，能够督促企业和业主运用好质押资金，帮助企业成长发展，也有利于降低生产力促进中心的风险。由此可以看出，政府在上海浦东模式中占主导作用，对知识产权质押的开展起到关键作用。

（三）混合模式的武汉模式

武汉地处我国华中地区腹地，长江与京广铁路交会，是内陆重要的水陆空交通枢纽。良好的交通条件和区位优势带动了各项产业的发展，使武汉成为华中地区的经济中心。武汉市内有武汉大学、华中科技大学、华中农业大学、中国地质大学、武汉理工大学等 88 所高校，有武汉光电国家实验室、煤燃烧国家重点实验室、激光技术国家重点实验室等一批国家级实验室，有中国科学院测量与地球物理研究所、中国科学院武汉物理与数学研究所、中国科学院武汉病毒研究所等一批科研单位，拥有较强的科技创新实力。武汉市也在积极探索知识产权与金融相结合的知识产权质押融资道路，以提升知识产权的使用率，帮助企业解决融资难的问题。

武汉市通过发挥银行和保险机构两个市场主体的作用，选择具有较强经济效益和社会效益的专利权进行质押。在专利权质押后，银行和保险机构可以加强对质押专利权的监管，并承担一定范围内的风险，这有利于减少银行和保险公司的风险。经办保险公司、经办银行和市科技局对发生的不良贷款按照 5∶2∶3 的比例进行分配，由此构建起了银行、保险机构和市科技局三方分担质押风险的机制。银行和保险机构通过市场机制对需要质押的专利权进行选择，是盘活整个专利权质押市场的基础。政府通过政策支持、风险承担等措施，激励银行和保险公司开展专利权质押业务，为企业解决资金困难提供帮助。银行、保险机构和政府三方在市场机制和政府支持两个方面共同构建的专利权质押模式，既可以减少银行和保险机构的风险，又可以帮助企业获得贷款，促进企业的发展。

第二节　主要的法律风险

从本质上看，知识产权如果能够得到有效的利用，就能充分实现其财产价值，巩固其创新型资本地位。对于自主经营的企业而言，这是一种可靠的筹资和扩展新业务机会的途径。从宏观角度看，制定知识产权战略并利用知识来促进经济增长，可以通过宏观策略的手段来实现。此外，传统的知识产权许可和转让方案已经得到广泛应用，新型的知识产权质押方法也在逐渐发展。具体而言，将知识产权资产转化为资本，相比于传统方案，其存在着更为特殊的风险因素。知识产权质押与传统质押方式有明显区别，具体体现在持续时间、条件设定、区域管辖、涵盖范围和估值评估等方面，前者具备独特特点。同时，这些因素使知识产权质押的风险具有独特的属性。

知识产权质押风险指的是在质押流程中可能面临的多种情况，如质押资产价值下降、质押过程受到阻碍或无法兑现质押权等所存在的客观风险。知识产权质押面临的风险种类繁多，而且彼此之间相互关联，我们难以对其进行精确分类。在后续内容中，作者将风险分为两大类别：法律风险和市场风险。经济、评估和变现风险是市场风险的三个不同方面，其分类以风险影响对象的不同为标准。

相对于其他担保方式，知识产权质押存在风险的主要原因是知识产权具备特殊性。由于动产质押和其他权利质押的标的物在法律上地位明确，对其加以确定是比较简单的。标的物价值较为稳定，在市场交易方面可体现出较高的完善程度，且其评估及交易不会受到较大的阻碍，但其投资的风险主要源于宏观经济活动的波动。知识产权具有实践性特征、无形性特征、地域性特征等特点，因此在法律、估值、融资等方面，运用知识产权会面临更多的挑战和风险。知识产权质押的风险相当复杂。有许多种类的风险与知识产权有关，包括内部风险和外部风险两个方面。除了制度风险外，知识产权质押还需要面对来自经济和市场等方面的风险。此外，在进行知识产权质押时，我们需要时刻预防各种类型的风险。各种风险之间相互影响、相互作用，相互促进，会对知识产权质押的流程产生意想不到的影响。

知识产权质押作为一种融资手段，在为企业提供资金支持的同时，也伴随着一定的法律风险。这些风险源于知识产权本身的特性以及质押过程中的各种不确定因素。知识产权质押标的物的适格性是风险的重要来源。不是所有的知识产权都适合作为质押物。例如，某些知识产权可能存在权属争议、权利期限短或价值难以评估等问题，这些都会影响质押物的适格性。因此，在质押前必须对知识产权进行全面的评估和审查，确保其符合质押要求。知识产权权利的不稳定性也是一大风险。由于知识产权的法律属性，其权利状态可能因各种法律事实而发生变化，如被宣告无效、被他人提起侵权诉讼等。这些变化都可能导致知识产权价值的减少或消失，进而影响质押权的实现。此外，侵犯他人知识产权的可能性也是知识产权质押法律风险的重要方面。在质押过程中，如果出质人侵犯了他人的知识产权，不仅可能导致质押权无法实现，还可能引发一系列法律纠纷和赔偿责任。知识产权质押的登记问题也不容忽视。在许多国家和地区，知识产权质押需要进行登记才能产生对抗第三人的效力。如果登记程序不当或遗漏重要信息，可能导致质押权无法得到有效保护。

一、知识产权质押标的物的适格性风险

适格性风险是指标的物的质押未符合法律或公认的质押标准，从而使质押失效或者带有缺陷的风险。不是所有类型的知识产权都符合可抵押的财产权利的条件，这需要我们遵循知识产权的可质性原则对其加以区分。法律已经分类列出了可作为抵押品的知识产权类型，然而它并不能涵盖所有现实生活中存在的知识产权种类。那些缺乏法律规范并处于新兴阶段的知识产权，可能会面临实践基础不足和容易引发法律争议的风险。除此之外，尽管某些知识产权在理论上可以充当质押品，但实际上这类知识产权可能无法成功被应用于实际的质押交易。例如，专利申请权虽然属于知识产权的范畴，虽然我们可以对其加以转让或许可，但我们并不能直接将其用于企业经营，因此它不具备直接的经营价值，并不适合被当作质押品。

二、权利的稳定性风险

知识产权的稳定性指的是在规定的保护期内，权利人能够有效地管理和控制该知识产权，同时得到允分的法律保护和支持，避免因外部因素的干扰而受到损失等情况。由于知识产权是一种无形资产，人们很容易将其与其他担保物品混淆、误解，这会带来一定的负面后果。所以，在进行质押之前，我们务必对其稳定性进行评估，这是极其重要的，其目的是避免知识产权在抵押期间失去有效权利。另外，即便一些人取得了专利权和商标权，按照我国的《专利法》和《商标法》均设定的无效宣告和"撤销"程序，他们的权利也有可能由于他人的申请而宣告无效。这种情况可能导致之前的质押失效。另外，计算机软件和商业机密等资产可能会被他人获取，导致企业失去市场竞争力。

三、知识产权侵权风险

知识产权风险指涉及侵害知识产权的可能性，既包括实际存在的风险，也包括潜在的风险。通常情况下，智力创造所得的成果，就是知识产权。这些成果既可以是个人独立完成的，也可以是团队合作的产物。当多个主体涉及同一知识产权时，通常会出现权属争议。权属争议风险是指在质押知识产权标的物的过程中，

可能出现所有权争议问题，导致质押物的实现价值受到影响。比如说，当涉及共同权利人的问题时，在不会对其他合法权益造成任何影响，而且没有其他人提出确有理由拒绝的情况下，共同权利人中的任何一位都可以自主行使其权利。然而，如果未经其他相关方同意，权利人私自质押知识产权，很可能会导致权属纠纷的出现。在具体实践过程中，进行知识产权质押时，通常只有部分财产权会被权利人用于抵押。假如权利人允许另一个人使用其他财产权，那么就很容易出现不同知识产权在同一客体上的使用在地理区域上相互冲突、权属纠纷的问题。除此之外，在我国，想要确保专利和商标权的有效性，必须先进行申请和登记。实用新型专利的创新水平不高，而且其授权期限也比较短，因此我们只需要进行初步审查就可以获得授权。如果在市面上存在与该实用新型专利相似或相关的在先权利，那么该新型专利就有可能面临被撤销或侵权的风险。

四、登记风险

登记风险指的是我国知识产权质押登记规则的不一致和登记机构缺乏统一，可能会带来质押成本的增加、质押效率的降低等问题。知识产权是创造者依照法律规定所享有的一种民事权利，它是无形的，其中专利权和商标权需要进行申请和登记，而著作权在人们创作完成后自动生效，无需额外的申请和登记。包括股权、基金、知识产权在内的特殊权利质押，必须遵守法律规定，在指定部门登记之后方可奏效。起初，实施登记制度的初衷在于落实法律权利，从而增强对质权人权益的保障。然而，在现实操作中，不同种类的知识产权需要按照特定的规则进行质押登记，而各登记机构之间缺乏一致的规范。涉及多种知识产权质押需要进行多次登记，这可能会造成质押时间的延长和知识产权有效期的浪费。此外，这也可能会导致知识产权贬值。

第三节　产生的原因

找出风险的根源和漏洞，就像寻找修补漏水桶的缺陷一样必要，只有找到并解决问题，才能有效应对各种风险。知识产权质押所面临的各种风险，反映了它存在的不足和弱点。总体而言，导致这种情况存在的主要原因是法律层面的因素，包括法律体系、政策缺失，也有市场层面的因素，包括市场波动、技术更新等。本书旨在探讨如何在遵守法律的前提下，有效应对知识产权质押带来的风险，而并非针对经济、管理等方面的调控原因做详细讨论。知识产权质押会面临多种风险，这些风险之间不是互相独立的，而是互相关联并互相影响的。这些风险在知识产权质押的各个阶段相互交织、相互作用，导致存在一定风险。具体来说，存在质押风险的根本原因在于知识产权的权利特性，这种特性是天生的，无法被抹除。尽管如此，我们也可以通过推行相关法规和额外的举措来降低这种风险出现的可能性。不过，目前我国法律制度不完善，配套制度不健全，这就使得风险无法得到有效降低，反而增加了风险发生的可能性，并促生了全新的风险形式。

一、知识产权质押立法不够完善

（一）立法层次不统一

我国的法律体系尚未对知识产权质押作出全面、细致的规定。《担保法》和《物权法》是法律适用中至关重要的基础法规，其在保障法律权利和维护法律秩序方面具有不可或缺的作用。此外，相关的特殊法律、部门规则以及司法指导案例发挥着辅助作用。我国现行的法律法规中，关于知识产权质押的规定主要有《担保法》（1995年）等法律法规。《担保法》是最早系统规定了知识产权质押制度的法律。随后，国家版权局、专利局以及工商总局分别颁布了《著作权质押合同登记办法》（1996年）、《专利权质押合同登记管理暂行办法》（1996年）以及《商标专用权质押登记程序》（1997年）。此后，有关部门在2000年发布了一份规定，名为《关于适用〈中华人民共和国担保法〉若干问题的解释》，其中具体阐述了有关知识产权质押方面的事项。随着知识产权的不断扩张，现有的保护法律已不能完全满足实际需求。为了解决财产权范围中知识产权转让和抵押对象不足的问题，《物权法》（2007年版）规定了能够被用于转让和抵押的知识产权财产权。这些权利包括注册商标专用权、专利权和著作权。在此之后发布的《商标权法》《专利权法》《著作权法》及其实施细则均涉及与知识产权出质相关的问题。随着《中华人民共和国民法典》的正式实施，自2021年1月1日起，知识产权方面的规定得到进一步明确和完善。我国正不遗余力地加大知识产权质押的试点推广力度，全国各地政府也相继出台了相应的实施措施和管理方案，这些政策的进一步完善有望促进知识产权领域的规范化发展，同时发挥积极的推动作用。比如说，针对知识产权质押的问题，上海市发布了《知识产权质押评估实施办法（试行）》，而北京市海淀区也针对此问题发布了《海淀区知识产权质押贷款贴息管理办法》。

　　截至目前，我国在知识产权质押的相关立法方面取得了显著的进展和成就。不断加快的立法进程涉及越来越多的内容。然而，我们可以发现，现行法律条款存在着混乱的现象，条款数量过多，但是知识产权质押法律体系的系统性和逻辑性显然没有得到应有重视。与此同时，立法现状亟待改进。在知识产权领域，立法混乱可能会导致法律实践出现纠纷。我国的知识产权法律是由不同的机构分别制定的，比如说，全国人大及常委会制定了《著作权法》《专利法》《商标法》，国务院已公布了《集成电路布图设计保护条例》《计算机软件保护条例》，《上海市知识产权质押评估实施办法（试行）》《海淀区知识产权质押贷款贴息管理办法》是地方政府制定的。如果各部门单独制定知识产权立法，相关执法人员可能会在实施过程中遇到困难。不同的立法机构所制定的法律存在差异，这就可能导致法律体系的混乱。只有让各种知识产权权利的位阶相统一，才能确保知识产权领域的法律和规定发挥应有作用。然而，当前我国的知识产权法律系统立法层次不明，法律效力不合理，这可能会导致某些知识产权的法律无法发挥应有效力。在现实生活中，这种情况可能会导致出现无法确保行为人切身利益的现象发生。此外，由于立法主体涉及国家立法机构、政府机构等各种部门，不同法律条文之间可能产生矛盾和冲突。其一，在制定法规时，不同部门常常忽视已有法规与当前法规之间的联系与一致性；其二，在各个立法机构之间，相似情况可能会被不同的法律条款规范，导致相关规定分散在多个不同的法律文件中，这种情况往往会形成不同法规互相抵触的情况。另外，因为不同立法主体制定了司法和行政方面的规定和制度，所以在知识产权保护的范围和程度上会经常产生不同，这些因素也会引发知识产权法律适用方面的矛盾。

（二）质押登记管理制度不统一

　　我国颁布了多项规定，以规范知识产权质押登记。这些规定文件包括《商标专用权质押登记程序》《著作权质押合同登记办法》《专利权质押合同登记管理暂行办法》等。这些法规确立了知识产权质押登记的管理制度。根据法律规定，不同类型的知识产权应由专门的登记机构进行质押登记，这表明了它们之间存在差异。在实际生活中，我们可以发现，商标专用权的质押登记由商标局负责，专利权的质押登记由国家知识产权局负责，著作权的质押登记机构为国家版权局，而植物新品种权的质押登记则由国务院农林业行政部门负责。该制度基于知识产权的独特性而制定，目的是提高知识产权管理的专业水平和强化保护措施，以确保权利人的利益可以得到维护。

然而，这种跨部门管理方式可能会导致管理流程复杂。在具体实践过程中，由于各部门各自独立管理，实施一个统一的质押登记制度变得异常困难，进而导致社会上缺乏一致的抵押登记规范和可信的信息共享途径。我国现行的知识产权质押登记制度有一些不足之处：首先，出质人不能将多种知识产权一次性登记并实现质押；其次，不同地市的质押登记流程不够顺畅；最后，发挥注册登记的公示作用并不容易。

二、知识产权质押配套制度不完善

（一）知识产权评估制度不完善

在进行知识产权质押前，我们需要先对其进行估价。一个精准的知识产权价值评估是做出抵押决策的重要基础。资产评估结果的准确性受多种因素的影响，包括资产评估机构的规范程度和专业能力、科学的评估标准、监管措施的严格程度、先进的评估理论以及评估环境的优良程度。虽然我国在20世纪90年代开始就已经意识到知识产权价值评估的重要性，但是这项工作的发展历程还比较短，目前我国尚缺乏规范系统的评估规则的立法支持。在实际应用中，若未能采用先进、详细的评估程序，评估结果的精确度和可信度可能会受到直接影响，具体如下。

首先，评估准则不够先进、不够明确。目前，在我国，可以适用于无形财产的知识产权价值评估标准包括《资产评估准则——无形资产评估》《专利评估指导意见》与《资产评估准则——无形资产》。前两个是中国资产评估协会于2009年制定发布的，后一个是2001年7月，财政部制定发布的。我们需要认识到，尽管知识产权属于无形财产的范畴，它与其他无形财产并不相同。上述文件主要阐明了评估无形资产的原则性规定，包括评估方法、评估要求以及相关要素，但没有为人们提供具体的操作细节。由于知识产权具有独特和复杂的特性，相关部门并没有针对性地制定可行的评估操作规范和明确的标准，这就导致评估结果具备明显的不确定性。随着社会不断变革，财政部早已制定了相应法规，但它们已经不再完全符合当前社会的发展趋势。另外，在我国，对于知识产权评估的方法和要素，评估实务界还没有达成一致的看法，且缺乏统一的全国性知识产权评估规范，各地区只制定了本地相应的评估标准。同一种知识产权的估价因地域不同而存在明显的差异，导致知识产权难以在全国范围内自由流通。

其次，缺乏专业机构来开展评估工作。就评估知识产权价值而言，在世界范围内，人们常用的评估方式有两种：其一是当事人就某个具体项目进行谈判，以此对知识产权进行价值评估；其二是让专业评估机构充当中介，向委托方提供专业意见，以进行知识产权价值估值。前者指的是知识产权的市场价值可以由各方当事人协商确定并提供评估报告，但这种方式的严谨性有待商榷；后者指的是授权评估机构进行专业标准评估，并提供相对应的评估报告，以对抵押物进行评估。按照《关于加强知识产权资产评估管理工作若干问题的通知》的要求，我国所采用的是第二种知识产权评估方式。不过，现如今我国还没有合法并且具备资质的专业知识产权评估机构，律师事务所、资产评估公司、会计师事务所和知识产权研究所等机构是提供资产评估服务的主体。在对知识产权进行评估时，评估机构应根据其不同的权利类型，选用合适的评估手段和因素。此外，评估机构需要在实践中不断积累经验，并获得相应的专业资质。然而，我国的评估机构往往在有形资产评估方面花费更多的精力，而在知识产权评估方面往往表现出专业能力欠缺、评估方法不当及经验匮乏的问题。

最后，评估人员的专业素养有所欠缺。知识产权评估需要评估人员具备高超的专业技能和良好的职业道德，因为这是一项科学性强、非常严谨的工作。评估人员的专业技能和职业道德水平会直接影响评估机构的服务质量和效益，并且对于评估结果的准确性也有着至关重要的作用。确认抵押品时，必须准确评估知识产权的价值，因为这将直接影响出质人的贷款额度。我国知识产权的价值意识的产生相较其他国家稍晚，且在实践中，我国国民也未给予其足够的重视。因此，我国至今还未建立一支经过专业系统培训的评估人员组成的团队。除此之外，评估人员在专业水平和经验方面有所欠缺，因此他们难以为各种类型的知识产权确定合适的评估方法，也做不到综合考虑相关因素。新颖知识产权类型的出现可能会超出评估人员所具备的特定领域专业知识的范畴，因此他们可能会难以适应这些类型，这可能会导致其价值评估工作变得困难、不够准确。政府所指定的评估机构依存于政府，这种情况可能会对知识产权价值评估的准确性、客观性和公正性产生影响。

（二）知识产权交易制度不健全

阻碍知识产权质押发展的另一个大问题是知识产权质押的标的物难以变现。质权人在知识产权质押品所涉及的法律条款或质押贷款合同发生变化后，可通过拍卖或变卖等方式将自己所持有的知识产权质押品变现，并享有先受偿权的优先权。根据民法中的保护原则，知识产权是可以出售或转让的，人们可以通过拍卖或变卖等方式转移所有权，从而获取经济利益。然而，知识产权与有形财产的性质不同，这就导致我国在知识产权交易方面的制度还有不足之处。因此，当以知识产权作为质押手段时，变现的困难程度相对较高，具体表现如下。

缺乏一致的交易标准。到目前为止，我国尚未制定出适用于全国范围的统一知识产权交易规则，因此在各个省市，人们只能依照单行法、动产交易法规和本地区相关法律法规进行知识产权交易。尽管在实际中，专利权交易非常普遍，但《专利法》对其具体操作规则、程序等方面的规定非常有限，其中仅仅包括一些基本的原则性规则。作者认为，在实践中直接套用有形财产的交易规则进行知识产权交易存在一些问题。因为有形质押标的物的价值通常能够保持稳定，而知识产权的价值则可能受各种因素的影响而无法保持稳定。对于标的物的转让而言，不需要特别的手续，人们只需要进行交付。与知识产权相比，标的物的占有使用具有一定的独特性。另外，一般来说，金融机构如银行通常是知识产权质押的主体。根据我国银保监会的相关规定，银行不能以物质形式弥补资金缺口，也不能以过低的价格购买知识产权。运用知识产权进行变现的途径仅限于拍卖或变卖。尽管我国不同地区都制定了针对技术交易管理的地方性规定，但是这些规定却在内容和适用范围方面存在着较大的差异，进而在很大程度上限制了知识产权在全国范围内的流通和变现。因此，我们需要立即出台一份统一的交易规则，以规范我国的知识产权交易行为。

市场交易还有提升空间，需要进一步得到优化。建立完备、成熟的产权交易市场是确保各项担保方式有效运作的必要条件，尤其在知识产权质押领域。如果出质企业不能按时偿还债务，那么质权人必须以市场为媒介，将出质的知识产权转化为现金。如果知识产权不在交易市场上得以流通变现，那么其经济价值可能会受到影响。我国的产权交易市场尚未成熟，其市场结构不够丰富，需要做进一步完善。特别是在知识产权交易市场方面，其发展对于社会经济发展来说是较为滞后的。

知识产权交易市场的不完善。主要表现为：首先，它所提供的交易信息较为有限，其更新速度较慢，同时缺少公告和查询通道，这就导致它不太为大众所知晓。知识产权的流转速度会因为需求主体无法及时获取交易信息而受到阻碍，这可能会对其获得知识产权造成一定的负面影响；其次，缺乏一致的交易合作机制。全国各知识产权交易机构在运营方面具备独立性特征，未能充分展开合作。由于缺乏一个全国统一的交易信息数据库，信息无法得到充分传递，知识产权交易的流通性无法得到保障与提升。

第三章 著作权的质押

著作权,是指权利主体依法对作品及其相关客体享有的专有权利。著作权有广义和狭义之分。狭义的著作权仅指权利主体对于作品所享有的一系列专有权利。广义的著作权还包括邻接权,即权利主体对于作品之外的客体享有的一系列专有权利。本章为著作权的质押,依次介绍了著作权的主体与客体、著作权的内容、著作权的质押三个方面的内容。

第一节 著作权的主体与客体

一、著作权的主体

著作权的主体即著作权人,是指对于作品享有著作权的人。自然人、法人、非法人组织都可以成为著作权人。外国人在符合法定条件下也可以成为中国的著作权主体。

(一)著作权的原始主体——作者

1. 自然人作者

《著作权法》第 11 条第 2 款规定,"创作作品的自然人是作者"[1]。除了法律特别规定或合同特别约定的情形,创作作品的自然人就是作品的著作权人。只有实际进行了创作的自然人才是作者,而为创作提供物质条件或者承担资料搜集等辅助性工作的人都不是《著作权法》意义上的作者。

对于自然人主体,我们还应注意,创作作品行为属于事实行为,无论作者是否具有民事权利能力和民事行为能力,只要创作出作品即构成自然人作者。还要

---

[1] 黄薇,王雷鸣.《中华人民共和国著作权法》导读与释义 [M]. 北京:中国民主法制出版社,2021.

注意，对于同一题材，不同的作者基于不同的角度可能会创作出不同的作品，因为该作品都是基于个人的思想创作而来，故中国法律规定：由不同作者就同一题材创作的作品，作品的表达系独立完成并且有创作性的，应当认定作者各自享有独立著作权。

2. 视为作者的法人和非法人组织

除了自然人作者外，《著作权法》还承认了法人或者非法人组织可以成为"作者"。《著作权法》第11条第3款规定，"由法人或者非法人组织主持，代表法人或非法人组织意志创作，并由法人或者非法人组织承担责任的作品，法人或者非法人组织视为作者。"，此种作品为"法人作品"[①]。法人作者享有作品的一切著作权。

法人或非法人组织作品的构成要件有三个：(1)由法人或非法人组织主持。所谓"主持"，通常是指组织、领导、协调和提供工作条件等。(2)代表法人或非法人组织的意志。这里"意志"一词应当理解为体现独创性的创作作品意志。(3)责任由法人或非法人组织承担。该构成要件也是区别于特殊职务作品的关键。

（二）著作权的继受主体——其他著作权人

著作权作为知识产权中的一种，其财产权的性质决定了其可以像其他普通财产一样通过转让、继承或遗赠而被他人取得。但是需要注意的是，著作权的继受主体享有的权利是有限的，著作权中的人身权是不能转让的，受让人和受遗赠人享有的仅限于著作权中的财产权。

1. 因继承、遗赠等取得著作权

作为著作权人的自然人去世后，其继承人、第三人可以根据遗赠扶养协议、遗嘱继承、法定继承合法继受其享有的著作权，成为著作权的主体。[②] 同时，《著作权法》第21条第1款规定："著作权属于自然人的，自然人死亡后，其本法第十条第一款第五项至第十七项规定的权利在本法规定的保护期内，依法转移。"对于已故作者的人身权，继承人只能加以保护，而不能继承。但是，对于作者生前未发表的作品，如果作者未明确表示发表与否，作者死亡后的50年内，其发

[①] 黄薇，王雷鸣.《中华人民共和国著作权法》导读与释义[M]. 北京：中国民主法制出版社，2021.
[②] 《中华人民共和国继承法》案例注释版（第二版）[M]. 北京：中国法制出版社，2013.

表权可以由继承人或受遗赠人行使，没有继承人又无受遗赠人的，由作品原件的合法所有人行使。因此，公民的合法继承人可以成为著作权主体。

遗赠，是指公民将其个人财产赠与国家、集体或者法定继承人以外的人的方式。著作权也是公民个人合法财产中的一部分。因遗赠扶养协议而取得死者的财产继承权时，其也成为著作权人。

对于法人或非法人组织变更、终止后其著作权的归属，《著作权法》第21条第2款规定，"著作权属于法人或者非法人组织的，法人或者非法人组织变更、终止后，其本法第10条第1款第（5）项至第（17）项规定的权利在本法规定的保护期内，由承受其权利义务的法人或者非法人组织享有；没有承受其权利义务的法人或者非法人组织的，由国家享有。"其中，第10条第1款第5项至第17项是指著作权中的财产权。

若无上述著作权的继受主体，即自然人死亡后无继承人或受遗赠人，或法人、非法人组织变更、终止后无继受人，则收归国家所有，如民法典规定的"无人继承又无人受遗赠的遗产，归国家所有，用于公益事业；死者生前是集体所有制组织成员的，归所在集体所有制组织所有"。

2. 因合同取得著作权

著作权人可以将其著作权中的财产权全部或部分转让给他人，该他人也因此而成为著作权主体。著作权转让的标的是著作财产权的所有权，而非使用权，后者为著作权使用许可。受让人成为所有权人，故可以在财产权的范围内以自己的名义行使该权利。

（三）特殊作品的著作权人

1. 职务作品

《著作权法》第18条规定："自然人为完成法人或者非法人组织工作任务所创作的作品是职务作品。"因此，职务作品的构成需要满足两个条件：第一，自然人为法人或非法人组织的工作人员；第二，作品的创作目的是为完成工作任务。根据《著作权法实施条例》第11条的规定，"工作任务"是指公民在该法人或者该组织中应当履行的职责。

职务作品的著作权归属分为两类。

（1）一般职务作品著作权由作者享有，但法人或者非法人组织有权在其业务范围内优先使用。作品完成两年内，未经单位同意，作者不得许可第三人以与单位使用的相同方式使用该作品。

（2）法律规定某些特殊职务作品，作者只享有署名权，著作权的其他权利由法人或者非法人组织享有，法人或非法人组织可以给予作者奖励。

2.合作作品

合作作品，是指两人以上合作创作作品。这里的两人是自然人、法人或非法人组织的任意两两组合。在认定是否为合作作品时，要从以下几个方面进行考虑：第一，合作者之间有共同创作的合意，即两个以上的主体通过协商达成了共同创作一部作品的协议，该协议可以是口头的也可以是书面的；第二，合作者对于创作的完成必须作出实质性贡献，即直接参与创作或对作品作出实质性修改或提出实质性建议等，对于仅为创作提出参考意见、提供辅助材料的人，其非著作权意义上的作者。合作作品著作权由合作作者共同享有。

《著作权法》对于合作作品的著作权行使有着明确的规定，旨在平衡各合作作者之间的权益，并确保作品的完整性和价值得到充分的尊重和保护。根据《著作权法》第14条第3款的规定，合作作品可以分割使用的，作者对各自创作的部分可以单独享有著作权，这意味着，他们可以独立地对自己创作的部分进行复制、发行、表演、展示、播放、制作衍生品等，而无需得到其他合作作者的同意。然而，这并不意味着他们可以随意行使这些权利，因为他们的行为不能侵犯到合作作品整体的著作权。也就是说，他们必须确保在行使自己著作权的同时，不妨碍其他合作作者对作品的正常使用和收益。对于不能分割使用的合作作品，《著作权法实施条例》第9条规定，其著作权由各合作作者共同享有。在这种情况下，任何对作品的使用或收益都需要确保所有合作作者协商一致。如果合作作者之间无法达成一致且没有正当理由，那么任何一方都不应阻止其他合作作者行使除转让以外的其他权利。同时，为了确保公平合理，所得的收益应当按照合作作者对作品的贡献进行合理分配。此外，当合作作者之一去世后，根据《著作权法实施条例》的规定，如果著作财产权无人继承又无人受遗赠，那么这部分权利将由其他合作作者享有。但需要注意的是，著作人身权，如署名权、修改权和保护作品完整权，是不能被继承或遗赠的。这些权利将由作者的继承人或受遗赠人进行保护。如果著作权无人继承又无人受遗赠，那么这些权利将由著作权行政管理部门进行保护，以确保作品的完整性和价值得到充分的尊重和维护。

3. 委托作品

委托作品作为一种特殊的创作形式，在《著作权法》中有着独特的地位。其关键在于著作权的归属和使用权的分配，这往往是通过委托人与受托人之间的合同来约定的。根据《著作权法》第19条，受委托创作的作品，著作权的归属由委托人和受托人通过合同约定。这意味着，委托人和受托人可以在合同中明确约定著作权的归属，无论是归属于委托人还是受托人，都会受到法律的保护。这样的规定为双方提供了充分的自主性，可以根据实际情况和需求进行灵活安排。当合同未对著作权归属作出明确约定或未订立合同时，著作权默认归属于受托人。这是因为受托人是根据委托人的要求进行创作的，其付出的劳动和智慧应得到相应的回报。在这种情况下，委托人虽然不享有著作权，但仍享有一定的使用权。此外，当著作权归属于受托人时，委托人在约定的使用范围内享有使用作品的权利，而无需额外支付费用。但如果双方未约定使用范围，委托人则只能在委托创作的特定目的范围内免费使用该作品。这样的规定旨在平衡双方的权益，确保受托人可以因自己的创作得到应有的回报，同时也满足委托人的使用需求。注意委托作品和其他几种作品的区分。

（1）委托作品与职务作品

委托作品的委托方与受托方之间不存在劳动关系；职务作品的作者与所在单位之间是劳动关系。

（2）委托作品与合作作品

前者的创作主体为一方，后者的创作主体是双方。

4. 演绎作品

演绎作品是在原有作品基础上，通过改编、翻译、注释或整理等方式创造出的新作品。根据《著作权法》第13条，改编、翻译、注释、整理已有作品而产生的作品，其著作权由改编、翻译、注释、整理人享有，但行使著作权时不得侵犯原作品的著作权。这是对创作者辛勤付出的认可和保护，鼓励他们在原有作品的基础上进行创新和再创作。然而，在行使这些演绎作品的著作权时，创作者必须尊重并保护原作品的著作权，不得侵犯原作者的权益。即经过演绎的作品成为一个新的作品，演绎者享有独立的著作权，故在使用演绎作品时要经过原著作权人和演绎作品作者的双重同意。

5. 汇编作品

汇编作品，是指汇编若干作品、作品的片段或者不构成作品的数据或者其他材料，对其内容的选择或者编排体现独创性的作品。即汇编作品可以分为两类：第一，对于具有独立著作权的作品或作品片段进行汇编；第二，对于尚未构成作品的内容进行汇编，如事实、数据等。需要注意的是，汇编作者对于汇编作品中的每一构成部分不享有著作权，只对该汇编作品的整体享有著作权。与此相反，每一部分的作者对于该部分享有著作权，对于该汇编作品整体并不享有著作权，除非其亦参与了汇编工作。同时，汇编作品的作者在行使其汇编权时，不得侵犯原作者的著作权。

6. 视听作品

试听作品，是指将一系列有伴音和无伴音的画面摄制在一定的物体上，借助适当的装置放映、播放的作品。以类似摄制电影的方法创作的作品包括影视作品、录像作品、激光视盘等。对于电影作品的整体著作权，除作者的署名权外，其他人身权利和财产权利均由制作者享有；同时，该类作品中的剧本、音乐等作者对于其创作的作品也享有独立的著作权。

7. 美术作品原件

对于一件美术作品来说，其权利主要包括两方面的内容：一是原件所有人基于美术作品原件所有权而产生的占有、使用、收益、处分该美术作品的权利；二是作者对于该作品享有的著作权。因美术作品的美学特征和其价值性，美术作品原件的所有权和著作权相分离的现象经常出现。一般而言，美术作品的原件作为物质载体，其所有权的转移并不会导致著作权的必然转移。

8. 作者身份不明的作品

《著作权法实施条例》第13条规定，作者身份不明的作品，由作品原件的所有人行使除署名权以外的著作权。作者身份确定后，由作者或其继承人行使著作权。需要注意的是，作者身份不明的作品仅指世人无法确定其身份的作品，对于那些作者未署名或者未署真实姓名，但我们可以通过其他途径获知其作者身份的作品并不属于作者身份不明的作品。

9.司法解释中规定的作品

《最高人民法院关于审理著作权民事纠纷案件适用法律若干问题的解释》中规定了其他不同类型的作品以及其著作权的归属。

（1）由他人执笔，本人审阅定稿并以本人名义发表的报告、讲话等作品，著作权归报告人或者讲话人享有。著作权人可以支付执笔人适当的报酬。

（2）当事人合意以特定人物经历为题材完成的自传体作品，当事人对著作权权属有约定的，依其约定；没有约定的，著作权归该特定人物享有，执笔人或整理人对作品完成付出劳动的，著作权人可以向其支付适当的报酬。

二、著作权的客体

著作权的客体是著作权的核心，描述的是哪些智力成果可以成为法律保护的对象。《著作权法》具体规定了哪些作品是中国法律保护的内容。作品有很多种类，但是都具有一定的共性——独特性，这是一种外在表达而非内在思想，其属于文学、科学、艺术中的某一类。在判断是否属于著作权的客体时：首先，应判定是否为思想的外在表达；其次，要根据每一类客体的特点进行判断。

（一）作品概述

著作权的客体是作品。《著作权法》所称作品，是指文学、艺术和科学领域内，具有独创性并能以某种有形形式复制的智力成果。

作品种类很多，但是都具有以下基本特征。

第一，作品是人类的智力成果，具有独创性。

独创性，是指作品是经作者独立思考，运用自己的方法和习惯将自己内在的思想经过一系列组合、编排独立创作出来的作品，而非对于已有作品的复制或剽窃。

第二，作品是思想情感的表达方式而非思想情感本身。

《著作权法》区分了思想和表达：思想和情感属于个人的主观范围，其主观性很强，不易为外人所察觉。而只有将这种内在的情感或思想充分表达出来，才可以被他人所了解，同时，这种思想若不表达出来，也不会受到法律的保护，法律无法穷尽每个人内心的主观世界，这对于法律来说也是不切实际的。《著作权法》保护表达而不保护思想也体现在国家公约中:《保护文学和艺术作品伯尔尼公约》(以下简称《伯尔尼公约》)指出，一个人公开他的思想后，是没有办法阻止他人使用这一思想的。但这一思想一旦被阐述或表达出来，就存在对借以表现这一思想的文字、符号、线条等的著作权保护。换言之，能受到保护的是表现形式而不是思想本身。《与贸易有关的知识产权协议》（以下简称 TRIPs）规定，著作权保护应延及表达方式，但不延及思想、工艺、操作办法或者数学概念本身。

第三，作品表现形式属于文学、艺术和科学范畴。

作品是作者思想、感情的外在表现形式，同时，这种表现形式也要满足一定的要求，即属于文学、艺术和科学领域。

（二）作品的种类

《著作权法》第 3 条明确规定了作品的种类。

1. 文字作品

文字作品，是指小说、诗词、散文、论文等以文字形式表达的作品。这里的文字是广义的，包括以文字、数字、符号等形式表现的文章、图书、说明书、翻译、论著等。但应注意的是，文字的书写方式并不影响文字作品的性质，比如，它可以选择打印、书写等形式。当然，如果手写形成了美术字，则其为美术作品。

2. 口述作品

口述作品，是指即兴的演说、授课、法庭辩论等以口头语言形式表现的作品。其特征在于即时性和口头性。以文字或者录音形式固定下来的即兴的作品，以及事先准备的演讲稿进行的宣读都不是口述作品。口述作品主要体现为听觉的、时间的、流动的艺术，它以语言为表现手段，以声音为载体，有感而发、即兴完成、转瞬即逝，并以口述为原始表现形式。《著作权法实施条例》列举了 3 种典型的口述作品：演说、授课、法庭辩论。口述作品要达到一定的长度和复杂度才能构成著作权意义上的口述作品，在一定的时间内演讲者将自己的思想感情表达出来并能够反映个性时，即为口述作品。

3. 音乐、戏剧、曲艺、舞蹈、杂技艺术作品

音乐作品，是指歌曲、交响乐等能够演唱或者演奏的带词或者不带词的作品，其基本表现手段为旋律、和声和节奏。音乐作品可以乐谱或者非乐谱的形式出现，包括配词和不配词的声音的各种独创性的组合。

戏剧作品，是指话剧、歌剧、地方戏等供舞台演出的作品，包括喜剧、悲剧、独幕剧等形式。

曲艺作品，是指以带有表演动作的说唱来叙述故事、表达情感等艺术形式表现出来的作品，这种作品既可以是书面形式，也可以是口述作品。《著作权法实施条例》第4条第5项规定，"曲艺作品，是指相声、快书、大鼓、评书等以说唱为主要形式表演的作品"①。

舞蹈作品，是指通过连续的动作、姿势、表情所表现的作品。

杂技艺术作品，是指杂技、魔术、马戏等通过形体动作和技巧表现的作品。

4. 美术、建筑作品

美术作品，是指绘画、书法、雕塑等以线条、色彩或者其他方式构成的有审美意义的平面或者立体的造型艺术作品。绘画，是指用笔、板刷、刀、墨、颜料等工具材料，在纸、纺织物、木板、墙壁等平面上塑造形象的艺术形式。

建筑作品，是指以建筑物或者构造物形式表现的有审美意义的作品，包括作为其施工基础的平面图、设计图、草图和模型。

该两类作品之所以能够受到著作权的保护，是因为它们具有艺术美感，能够给公众带来视觉上的享受，同时也是设计师独特的美学观点和创造力的表达。因此，缺乏创造性或者缺少艺术美感的建筑物或者美术内容不应受到法律的保护。

5. 摄影作品

摄影作品，是指借助器械在感光材料或者其他介质上记录客观物体形象的艺术作品。摄影作品指的是照片上记载的画面，照片本身是摄影作品的物质载体。《著作权法》保护的摄影作品是指具有独创性的照片，单纯复制的照片不受《著作权法》的保护。

6. 试听作品

试听作品是一种独特的视听艺术形式。这些作品将画面与声音相结合，通过精心的编排和剪辑，传达出丰富的情感和信息。它们不仅要求制作者在技术上具备高超的摄影、剪辑和音效处理能力，更需要在创意和叙事上有所突破。这类作品通常以完整的影片或独立意义的片段形式存在，如科教片、美术片等，它们既可以是娱乐性的，也能够发挥教育作用，为观众提供多样化的视听体验。

7. 工程设计图、产品设计图、地图、示意图等图形作品和模型作品

图形作品作为一种重要的视觉表达形式，在多个领域都发挥着不可或缺的作

---

① 黄薇，王雷鸣.《中华人民共和国著作权法》导读与释义 [M]. 北京：中国民主法制出版社，2021.

用。它们可以是工程设计图，用来精确展示建筑或基础设施的基本结构和造型，如工厂布局、铁路网规划等，为施工和生产提供准确的指导。同时，图形作品也可以是产品设计图，通过线条和色彩描绘出产品的外观和结构，如服装、家居用品等，帮助生产和销售人员理解产品的设计理念和特点。这些图形作品不仅具有较强的专业性，同时也富有艺术性和创意性，是知识产权保护的重要对象；如服装设计图；地图是指以线条、颜色来表现，按照一定的数学法则，运用各种符号和制图的综合原则，反映客观的地理、人口分布、矿藏情况的图；示意图是指以点、线、标记等为表现形式来说明复杂事物的原理或显示具体事物的形状，如人造卫星运行图。

8.计算机软件

计算机软件是信息技术领域的核心，它涵盖了计算机程序和相关的文档。计算机程序作为软件的核心组成部分，是一系列指令的集合，这些指令能够被计算机或其他具有信息处理能力的设备执行。这些指令可以是直接的代码化指令序列，也可以是能够自动转化为代码指令序列的符号化指令或语言序列。计算机程序在编译或解释后会形成可执行的目标程序，供用户直接使用。而文档则是软件开发过程中不可或缺的一部分，它用自然语言或形式化语言描述了程序的各个方面，包括内容、组成、设计思路、功能规格、开发进度、测试结果以及使用方法等。这些文档不仅可以帮助开发人员更好地理解和维护程序，也为用户提供了使用软件的指南和参考，如程序设计说明书、流程图、用户手册等。计算机软件必须满足原创性和固定性等条件才能获得法律的保护。

9.符合作品特征的其他智力成果

这是一个兜底性条款，是指法律、行政法规所规定的除上述作品外的其他文学、艺术和科学作品。随着科技的发展，人们的观念不断变化，作品的形态也不断拓展，某些新的思想情感的表现形式虽然不属于上述作品之列，但仍可依据《著作权法》予以保护。民间艺术作品是指作者不明确但是可以推定来源于某一地区，以传统的文化、艺术、形式以及方法的有形的或者无形的表达。

（三）《著作权法》不予保护的对象

《著作权法》保护的作品范围及对象非常广泛，但并非所有的作品都可以成为著作权的客体。《著作权法》明确规定了几种法律不予保护的对象。

1. 法律法规等

包括法律、法规以及国家机关的决议、决定、命令和其他具有立法、行政、司法性质的文件，及其官方正式译文。

2. 单纯事实消息

是指通过报纸、期刊、广播电台、电视台等新闻媒体报道的纯粹的事实消息。

3. 历法、通用数表、通用表格和公式

历法，是指用年月日计算时间或者节气的方法；通用数表，是指人们通用的含有一定数字并反映一定关系的表格；通用表格，是指人们普遍使用的为填写数字或者文字而按照一定项目绘制的表格；公式，是指用数学符号表示几个量之间关系的因式。

第二节　著作权的内容

著作权的内容具有丰富性和复杂性，既包括著作人身权，也包括著作财产权。著作人身权与人身具有密切的联系，因此，法律对其进行保护的期限也更长；对于著作财产权的保护，法律针对不同类型的财产权规定了不同的保护期限。

著作权的内容包括著作人身权和著作财产权两方面。

一、著作人身权

著作人身权，是指作者依法享有的以人身利益为内容的权利。包括发表权、署名权、修改权和保护作品完整权。

（一）发表权

发表权是作者决定作品是否公之于众的权利，即作者决定是否将作品公之于众，以及何时何地以何种方式公之于众的权利。公之于众是指将作品置于公众所知悉的状态，具体公众是否知悉在所不问。同时，公之于众是指将作品向不特定多数人提供，而非向特定人公开。发表权区别于其他著作人身权的特点是发表权行使的一次性，即作者只要以合法的方式公之于众，即构成已发表的作品，并享有其他相应的权利。

（二）署名权

署名权，是指表明作者身份，在作品上署名的权利。《著作权法》第12条第1款规定，"如无相反证明，在作品上署名的公民、法人或者非法人组织为作者"[①]，即作者应以署名的方式表明自己的身份。对于演绎作品，原作者依然享有署名权。《著作权法实施条例》第19条对此进行了具体的规定，"使用他人作品的，应当指明作者姓名、作品名称；但是，当事人另有约定或者由于作品使用方式的特性无法指明的除外"[②]。

署名权的内容包括积极权利和消极权利，积极权利包括作者有权决定是否署名、署名的方式（署真名还是假名）以及署名的顺序；消极权利包括作者禁止他人署名以及禁止他人冒用署名。署名权保障作者的身份得到尊重。

（三）修改权

修改权，是指修改或者授权他人修改作品的权利。《著作权法》意义上的修改仅指对作品内容进行补充、删减和修正，而不是对作品的改编，改编是创作出新作品，而不是单纯的修改。

修改权的内容也包括积极权利和消极权利两方面的内容：作者有权自己进行修改以及授权他人进行修改；禁止他人对作品进行篡改。

（四）保护作品完整权

保护作品完整权，是指保护作品不受歪曲、篡改的权利。作品是作者内心思想感情的一种反映，作者有权保护自己创作的内容不被其他人丑化；未经作者同意，他人不得擅自对作品的内容进行删减、变更，防止作者的形象、声望受到损害。歪曲是指故意改变事物的真相或内容；篡改是指用作伪的手段对作品进行改动或曲解。这些行为都会导致作者的声望受到损害，因此，《著作权法》第10条第1款对其进行了规定。对于著作权客体中的电影摄制来说，肯定会涉及对于原著或者剧本的修改，但是如果这种修改没有达到改变作者原意和思想感情的程度，即不构成对其著作权的侵犯。

---

① 黄薇，王雷鸣.《中华人民共和国著作权法》导读与释义[M]. 北京：中国民主法制出版社，2021.
② 《中华人民共和国著作权法实施条例》[J]. 中国出版，2002，（09）：11-12.

二、著作财产权

著作财产权，是指作者和其他著作权人享有的自己使用或者授权他人使用作品从而获得经济报酬的专有权利。

著作财产权主要包括以下权利。

（一）复制权

复制权，是指以印刷、复印、拓印、录音、录像、翻录、翻拍、数字化等方式将作品制作一份或者多份的权利。复制的本质特征就是在保持作品信息不变的前提下，增加作品的数量。传统意义上的复制包括手抄、雕刻等方式的手工复制和印刷、复印等方式的机械复制两种类型。随着科技的不断发展，很多新型的复制方式应运而生，如将作品以各种技术手段固定在光盘等媒介之上、将作品上传至网络服务器、以网络作为媒介向其他用户发送作品等。复制权在著作权体系中居于核心位置。

（二）发行权

发行权，是指以出售或者赠与方式向公众提供作品的原件或者复制件的权利。构成《著作权法》意义上的发行行为要满足以下条件：行为的对象为公众且需要当面提供，而且要转移其原件或复制件的有形载体，该条件也是区别发行权与其他财产权的关键。如发表权一样，发行权也是一次性权利。该权利在英美法系国家被称为"首次销售原则"，在大陆法系国家则是"权利穷竭原则"，其含义为：作品原件和经授权制作的复制件经著作权人许可，首次销售或者赠与后，著作权人就无权控制其再次流转。

（三）出租权

出租权，是指有偿许可他人临时使用试听作品、计算机软件的原件或者复制件的权利，计算机软件不是出租的主要标的的除外。对于该权利，要注意以下两个限制条件：一是有偿允许他人使用，不存在免费的情况；二是作品的范围仅限于试听作品、计算机软件，其他类型的客体不适用该权利。

（四）展览权

展览权，是指公开陈列美术作品、摄影作品的原件或者复制件的权利。对展览权设定的限制条件为：该公开是指向不特定的多数人进行展示，同时权利客体仅限于美术作品和摄影作品，不涉及其他类型的作品。需要注意的是，《著作权法》对该权利规定的例外情形：美术等作品原件所有权的转移，不视为作品著作权的转移，但美术作品原件的展览权由原件所有人享有，即美术等作品载体所有权的转移并不意味着著作权的同步转移，展览权随着原件所有权的转移而转移。

（五）表演权

表演权，是指公开表演作品，以及用各种手段公开播送作品的表演的权利。表演权包括两种类型：演员对作品的现场表演和对作品的现场表演以各种手段进行公开播送。后者中比较典型的为将对作品的表演录制之后使用机器进行公开播送的机械表演。根据《著作权法》第37条第1款的规定，使用他人作品演出，表演者（演员、演出单位）应当取得著作权人许可，并支付报酬。演出组织者组织演出，由该组织者取得著作权人许可，并支付报酬。在商业演出中，演唱歌曲应得到著作权人的授权并支付相应的报酬，否则可能构成侵权。

（六）放映权

放映权是著作权中一项重要的权利，它涉及美术、摄影、试听作品等的公开再现，是通过放映机、幻灯机等技术设备公开再现美术、摄影、试听作品等的权利。行使放映权需要满足两个条件：一是获得著作权人的许可，这是对著作权人知识产权的尊重和保护；二是向著作权人支付报酬，这是对其创作劳动的合理回报。只有在满足这两个条件的前提下，行为人才能合法行使放映权，公开展示相关作品。

（七）广播权

广播权是著作权中一项重要的权利，它规定了作品可以有线或者无线方式公开传播或传播，也可以通过有线传播或者转播作品，以及通过扩音器或其他传送符号、声音、图像的类似工具向公众传播广播的作品的权利。这三种广播行为都是广播权所涵盖的内容，它们都是将作品传播给公众的重要方式，为作品的广泛传播和普及提供了有力支持。

（八）信息网络传播权

信息网络传播权，是指以有线或者无线方式向公众提供，使公众可以在其选定的时间和地点获得作品的权利。信息网络传播权与广播权的最大区别在于，前者的信息接收者可以在自己选定的时间、地点获得该信息，而后者只能在广播者确定的时间、地点接受该信息，所以前者被称为"交互式传播"，而后者则是"单向传播"。构成交互式传播需要满足以下条件：首先，该行为应该是通过网络向公众传播信息；其次，该行为能够使公众在其个人选定的时间和地点获得作品，否则不能被称为信息网络传播权。

（九）摄制权

摄制权，是指以摄制试听作品的方法将作品固定在载体上的权利。据此，将表演或者景物机械地录制不视为摄制电影、电视作品。因为该行为并不会产生独创性的作品。摄制权的内容为著作权人有权自行摄制或允许他人摄制成电影等作品，若他人未获得权利人的许可，则侵犯了著作权人的权利。

（十）改编权

改编权，是指改变作品，创作出具有独创性的新作品的权利。改编作品需要与原作的基本表达一致，否则根据原作的思想创作的新作品并不会受到改编权的控制。

（十一）翻译权

翻译权，是指将作品从一种语言文字转换成另一种语言文字的权利。翻译权的本质特征为在两种语言中转换作品，一般只涉及文学作品、口述作品等，美术作品、乐曲等一般不涉及翻译权的问题。需要注意的是，将汉语写成的小说改成盲文并不是翻译行为，只是复制行为，因在该过程中，不涉及行为人智力的创造活动，缺乏创造性，故不构成著作权意义上的翻译。

（十二）汇编权

汇编权，是指将作品或者作品的片段通过选择或者编排，汇集成新作品的权利。即要构成汇编作品，必须在选择或者编排作品方面体现出独创性。

（十三）应当由著作权人享有的其他权利

随着社会的发展，可能会出现一些新的利用作品的方式，故法律规定了一个兜底性条款来应对。

三、邻接权

著作人身权和著作财产权是指狭义著作权，广义著作权还包括邻接权。根据《著作权法》的规定，邻接权特指表演者对其表演活动、录音录像作者制作的录音录像、广播组织者对其播出的广播信号以及出版者对其版式设计所享有的权利。

第三节 著作权的质押

一、著作权质押概述

（一）著作权质押的性质

质权作为一种担保物权在大陆法系国家的民法典中源远流长，它滥觞于罗马法，在世界各国近现代民法中逐渐发展与完善。质权源于罗马法中的信托让与，然而信托让与以所有权转移为要件，存在着不可避免的弊端，因此质权便应运而生。质权本身由"拳头"一词演变而来，代表用于出质之物需亲手交付。起初，质权只设立于动产之上，但进入查士丁尼时期，"永佃权、用益权、地上权等都可以作为质押标的"[1]，因此而成就了最早的权利质权。但罗马法中没有涉及权利质押的概念。不过，随着社会的不断发展，法国的相关立法深受罗马法的影响，将可用于质押的标的物做了具体而详细的划分，以质押标的是动产还是不动产来规定两种不同的质权。权利质押以特别法的形式存在于民法典之中，是动产质押体系项下的一类特殊质押方式。德国民法典摒弃了以不动产为设质标的的理念，并确立了唯有利用动产或权利进行质押时方能取得质权的规则，《瑞士民法典》与《意大利民法典》深受其影响。权利质权作为独立的质权类别为各国（地区）立法所普遍接受。

依照权利质的原理，不得使用人身权利设质，著作权中许多含有人身权内容的权利如署名权等，这种权利被禁止用于质押。采用著作权质押的目的是利用其可转让的性质来实现其交换价值，以保障债权的实现。因此，著作权中属于财产

---

[1] 胡开忠. 权利质权制度研究 [M]. 北京：中国政法大学出版社，2004.

权范畴的部分权利符合这一要求,故可以作为质权的标的。大陆法系国家和我国相关法律均认可著作财产权设质。因此,著作权质押属于权利质押的一种类型。不过,关于权利质押的性质,曾引发激烈的争论。有两种学说极为盛行,即权利让与说、权利标的说。

1. 权利让与说

德意志普通法时期,权利让与说曾广泛流行,学者们运用此种学说来更好地阐释权利质权人对标的权利的直接取得权。权利让与说的观点表现为,权利质实际上等同于让与设质的权利。质权人取得的质权并不是新产生的权利,其仅仅是作为受让方而取得被设质或者被让与的权利。此外,权利的让渡和质押如果被划为同一性质,那么自然会得出质押双方也拥有同样的权利,并且此种权利的让与并非一般意义上纯粹的权利上的移转,而是以设质目的为限的移转。权利让与说认为不可能成立所谓的债权质,而对是否有物权的设质理论上没有过明确涉及。史尚宽先生亦主张此种观点,即质押之标的应被限定在有体物的范围内,质押的实际标的不是权利本身,而是它代表的对象,不再在权利上设定质权,权利质押本质是权利的转让,但其目的是实现担保债权。所以,质权的设质,应依让与规定为之。

2. 权利标的说

《德国民法典》在制定的时候,放弃了主张权利让与说,认为权利质押中的财产权利为权利质押标的的本身,即权利标的说。《日本民法典》第 6 条模仿《德国民法典》第 17 条的设计,而采纳了权利标的说。此后,各大陆法系国家的相关立法及理论均以权利标的说为通说。权利标的说认为,权利质系于权利之上设定的质权,被出质的权利依然归于设质方,质权人所得到的权利异于被设质权利,其因设质行为而享有的是质权。权利设质和有体物设质都是为担保债权的实现,并且都是以影响其经济价值为手段,而不能因为客体为有体物或无体物就认为二者的性质不同,只是在实现的方法上面有些许差异。

需要明确的是,首先,用以出质的权利应为财产性权利,具有一定的经济价值,故可以其价值进行担保。但绝非把权利的价格或价值充当权利质权的标的物,而是以其价格或价值为实现债权充当担保;其次,质权人因设质行为而取得的质权是新的独立权利,并不是入质权利自身的让与;最后,质权人可凭借其所拥有的质权来约束或控制质押标的，具体呈现为对有体物进行或者对行使权利的行为加以阻止。并且，权利也可以作为质权的标的。

我国学者大部分都赞成通说的观点，即采纳权利标的说。作者认为，权利让与说本身存在缺陷。这源于让与观念与设质实为相去甚远。债权让与是债权人将其债权权益转让给他人的行为，这种转让使受让人成为了新的债权人，享有原债权人的所有权益。而设质则是一种担保方式，债权人在特定条件下可以取得行使自己债权的权利，这通常是为了确保债务的履行。权利标的说在质权理论中占据重要地位，它使质权与一般债权在观念上得以衔接，从而有助于表现整个法律规范体系的逻辑性和完整性。

著作权是法律加以肯定之权利，所以著作权质押的性质应以权利标的说为基础，债权人对出质的著作权虽然享有质权，但其仍然享有在债务人履行不能的情况下优先受偿质物变卖后的价金的权利。以著作权作为质权标的属于新型的担保物权，它的创立并不是为限制权利的转让，甚至还在一定程度上扩大了作为质权标的的范围，助力融资范围的扩大进而推动知识经济蓬勃发展，这也是法制和社会进步的必然要求。著作权成为质押标的的可行之处不完全体现在控制出质标的物上，质押当事人更多的精力是在关注作为质押标的物的作品含有的财产价值的大小，当出现有碍于债权实现的风险时，债权人可以通过对质权的行使取得相应的交换成果。

（二）著作权质押的特征

在著作权质押的过程中，由于用以出质的著作权本身的无形性，而无法将其通过物理上的方法转移占有，进而无法进行实在的交付，并提供质押的权利证书，所以交付标的实属不能。著作权质押作为权利质押的一种，此种类型的质押本身相较于普通动产质权及其他权利质押存在着差异化的特征。

1. 著作权质押标的具有无形性

著作权质押与动产质押最明显的区别在于著作权的无形性，著作权是一种没有形体的精神财富，尤其在电子技术发展迅速的今天，著作权脱离了载体的要求，它的存在已经脱离了纸张等实在载体。无形性使其内容可以同时为数人所掌握，即标的不再是有体物，而是抽象化的人类智力成果。因此，质权人依法享有取得源于著作权使用而获得收益的权利，同时，当著作权依附于某介质上出质时，质押标的物不应是附有著作作品的介质本身，而应指向其中的著作财产权。质押双方当事人应格外注意，著作权介质也就是其载体的交付并不代表质押标的的移交。

2. 出质人应为著作财产权的合法所有人

在著作权质押中，设质方需要是著作财产权的合法所有者，但并不意味着他们必须是作品的原始作者。这是因为著作财产权可以通过法定的方式，如出售、赠与或继承等进行转让。因此合法权利人可能是作品的原始作者，也可能是从原始作者处合法受让著作财产权的第三方。这样的灵活性有助于著作权市场的活跃和著作权的合理利用。这一特征使著作权质押与债权质押以及股权质押等其他权利质押有所不同。基于"二元论"的理念，著作人身和财产两类不同的权利可以分属不同人所有，这就容易使得著作财产权质押有可能脱离著作人身权的所有人。

需要注意的是，出质人必须是拥有担保之权利的完全所有人，即可以不受限制地处分已被质押的著作权。有学者指出，著作权必须适质，当著作权之上存在一定限制，并且于担保期限届满之时，设质方若仍无能力完全处分该著作权，那么此著作权就不适合设质。

在以往实践中会出现大部分人并未登记其著作权，原因在于我国对著作权的取得采用的是权利自动生效和自愿登记原则。为了维护著作权人的合法权益和确保著作权交易的安全，采取适当的登记措施至关重要。著作权人应提高对著作权登记工作的重视度，一旦创作出具有独创性的作品，便应及时进行著作权登记。这样做不仅可以为著作权人提供法律上的保障，还能为其在著作权交易中提供有力的证明。当著作权人打算将其著作权进行质押时，更应进行详尽的著作权登记，以确保质押过程的透明度和合法性。

3. 质权设立具有多样性

著作权作为一个综合性的权利束，包含了多项子权利内容，这些子权利之间在法律上是相互独立的。这意味着著作权人在行使权利时，可以根据自己的需求和意愿，选择将某一项或多项权利设质用于担保债务。例如，作者可以决定仅将其翻译权质押给某个债权人，或者选择将出租权和展览权同时质押给同一个或不同的债权人。这种灵活性为著作权人提供了更多的策略选择，有助于他们在保障自身权益的同时，更好地进行著作权的市场运作工作。然而在实践中，我们可能会遇到这样一个问题：当作者已经质押了其全部著作财产权后，随着科技的进步和社会需求的变化，新的著作权利可能会应运而生。这些新权利在经过国家立法机关的认可后，其归属权如何确定就成了一个亟待解决的问题。针对这一问题，作者认为新出现的权利应当归属于原始的著作权人。在设质时，出质人仅就当时已存在的权利进行了质押，并未涵盖之后可能产生的新权利。这与著作权的转让原理是相似的，即著作权的转让仅及于已经存在的权利，而那些之后产生的新权利并不包括在内。因此，对于新出现的权利，其归属权应当归属于原始作品的作者。当然，这并不意味着债权人无法分享新权利带来的利益。如果双方愿意，他们可以通过重新议价的方式，就新权利的归属和使用达成一致，这样既能保护著作权人的合法权益，也能确保债权人的利益不受损害。

著作权作为知识产权的一种，确实包含了多项子权利内容，这些权利各自独立，使著作权人可以根据需要对其加以灵活运用。在著作权质押融资中，著作权人可以根据自己的意愿选择将其中一项或多项权利设质用于担保债务。例如，作者可以选择仅质押其翻译权，或者将出租权和展览权同时质押给一个债权人。这种灵活的手段为著作权人提供了更多的融资选择，同时也为债权人提供了更多的保障。然而在实际操作中，可能会出现一种情况：当作者质押了其全部著作财产权后，随着科技的进步和社会需求的变化，新的著作权利应运而生。这些新权利在经过国家立法机关认可后，其归属问题就变得复杂起来。在这种情况下，作者认为新出现的权利应该归属于著作权人。这是因为，在设质时，出质人仅就当时现有的权利进行设质，并未将后来可能出现的新权利纳入设质范围。这与著作权的转让类似，即著作权的转让只涉及已经存在的权利，而不包括未来可能产生的新权利。针对这种情况，有两种可能的解决方案：一种是将新出现的权利归原作品作者所有。这是因为原作者作为著作权的原始持有人，对新权利的产生具有贡献，且新权利往往与原作品密切相关；另一种解决方案是进行重新议价。当新权利出现时，债权人和著作权人可以就新权利的归属和使用进行协商，达成新的协议。这样可以确保双方的利益得到平衡，同时也有助于促进著作权质押融资市场的健康发展。

二、未来作品著作权的质押

（一）未来作品及著作权概述

"未来作品"（future work）指代的是尚未创作完成之作品，其中包括该作品刚构思完成，但未开始进行正式创作，甚至仅萌生了抽象阶段的创作意愿，还有就是正处于创作过程中的作品也在此范畴之内。那么，所谓的"未来版权"（future copyright），也被称为"将来版权"即指依附于未完成或在期待之中的作品而产生的版权。英国的版权法对未来作品的版权进行了宽泛的解释，认为只要未来某件或某类作品抑或某事件有可能产生版权，那么该版权就已经存在。这种解释体现了英国法律对未来版权的充分保护。德国的《著作权法》则更加具体，要求在未来著作即著作权人还未创作完成的作品上授予利用权时，必须签订书面合同，并且合同中要明确规定解除的具体期限。这样的规定确保了双方在创作过程中的权益得到明确保障。法国则对未来作品的转让进行了限制，不允许全部转让。但作者与出版人之间关于特定体裁的未来作品的约定是合法的，且作品数量限制在五部以内。这样的规定既保护了作者的权益，也给予了出版人一定的商业空间。

对未来作品著作权的定义以及交易规则的明确规定源于实践中未来版权交易的频繁。现代商业模式的发展推动着文化产业由单纯的经营既有作品而拓展至未来作品。经营者深知优秀的作者不仅能创作出高品质的作品，其声誉本身也蕴含巨大的商业价值，因此经营者们会拼抢优秀作者，重金买断这些优秀作者未来作品的著作权，占领市场先机。对未来作品著作权的利用在文化产业中已经属于一种惯例，法律理应对未来作品著作权的利用作出全面的规定。

我国的《著作权法》对著作权的许可使用、转让以及质押都有相关规定。但传统观念上，只有在作品已创作完成的情况下，才产生著作权，进而可以行使附着于作品之上的著作权。然而，就未来作品的转让或质押来说，由于作品尚未完成，也就不存在著作权，更谈不上作品权利的行使，正所谓"皮之不存，毛将焉附"。因此，《著作权法》是否应该保护未来作品，是否与既有作品同等对待，都关系着未来作品的著作权是否能进行转让或质押。而我国法律并没有就此作出规定，甚至没有出现任何有关未来作品及未来作品著作权的字眼。法律的空白必然导致权利的不确定及权利人利益保护的缺失，最终影响作品的创作和广泛传播。

（二）未来作品著作权的设质肯定

目前的经济形态以知识经济为主导，人们利用知识来获取资本。相较于以前的有形财产，如土地、房屋、厂房、原料等，知识已成为不可或缺的财富。通过将未来作品著作权作为知识产权担保标的出质，可以刺激知识资产的快速交易和转化，因为未来作品著作权是知识经济的产物。在过去10年间，我国一直积极推动知识产权创新，并致力于拓宽文化企业的融资渠道。这种发展势头极大地促使我们思考未来作品著作权是否具有可质押性。

自21世纪初以来，我国就格外关注中小型企业的融资问题。政府在扶持科技型中小企业方面的政策力度非常大，特别是在保护它们的专利、商标和著作等权利方面，给予了很多优惠措施。然而，在当前的文化企业中，大多数无形资产都是一般作品，而且未完成的作品居多。如果这些文化企业的未来作品获得了肯定并质押了著作权，那么这对它们来说将是难得的发展契机。大多数文化企业通常会选择出质未来作品著作权，从而获得融资渠道。整体来看，文化企业的规模较小、数量较多，其资产主要以无形资产为主，并且产权结构常常存在模糊不清的情况。由于长期处于劣势地位，文化企业在经济社会发展中常面临着市场不成熟、需求不稳定等问题。因此，银行等金融机构通常不愿向文化企业提供贷款，因为这些企业内部的可质押的资产少，并且自身的偿还能力弱。在文化企业中，未完成的作品已经消耗了大量的资源和精力。如果不考虑这些作品的交换价值，银行和其他金融机构可能无法向其提供贷款，这将给文化创作带来巨大的风险，对企业来说也是巨大的损失。如今，一些质押物的风险是可以规避的，即交易双方通过谈判协商，共同约定将未来作品著作权的质押风险降到最低。美国的完片保证制度是值得我们学习和借鉴的制度，该制度指出了将未来作品的著作权作为质押标的，由此保障了文化企业的融资渠道。此外，通过实行这一制度，可以激发文化企业作品创作和再创作的能力，推动更多出色的作品涌现，为文化企业的壮大和文化社会的进步提供强大的支持。

1. 可质押性的法律参照

目前，我国关于未来作品著作权可质押的法律规定仍需进一步完善，具体可参照《民法典》中的可质押性权利，如在建工程抵押、动产浮动抵押以及应收账款的出质等，确保推进未来作品著作权质押进程，为未来作品著作权相关法规的制定提供法律参照。

我国现有立法对于未来作品著作权质押制度的构建具有一定参照作用，将已有的法律规定作为未来作品著作权的可质押性之理论支撑可以说是一种明智的选择。

2. 可质押性的社会基础

将未来作品著作权作为质押物，能够推动知识财产向知识资本转化的速度，是构建知识型经济社会的基础。推动经济发展的关键力量在于创新，只有将创新理念融入经济领域中，才能实现产业化的发展目标。根据秘鲁学者赫尔南多·德·索托（Hernando de Soto）提出的观点如下，第三世界国家和前社会主义国家缺乏将资产转化为资本的机制，由此使得人民的生活长期处于中下水平。若想对"资本"一词有透彻的理解，则需从最基本、最原初的形态开始着手研究。

在中世纪时期，因为养牛或家畜可以为家庭提供额外的财产来源，所以拉丁文中的牛或家畜又是"资本"的代名词。由于饲养牛或家畜的成本较低、收益颇高，如遇有紧急情况需要转移牛或家畜时，可以快速掌握牛或家畜的数量，并在之后准确计算得失。并且，牛或家畜本身是可以继续繁衍后代的，而这也就意味着资产的增值。最为重要的是，饲养牛或家畜所需的原料成本较低，而牛或家畜又可以生产出较高价值的产品，如牛奶、皮革、羊肉和染料等，这不仅推动了附加产业的发展，而且也为创造剩余价值提供了基础。可见，"资本"这个词本身就有两层含义，即"资产的存在"和"资产创造的剩余价值"。因此，资本的存在与运用是接连产生和发展的。

未来作品著作权是一种无形资产，具有难以估量的重要价值。为了充分发挥未来作品著作权的价值潜力，就需要建立健全担保机制。对于未来作品著作权来说，担保机制就是实现未来作品著作权资产增值的保障，在担保机制的实施下，将未来作品著作权作为质押标的，能够有效推动企业效益的发展，盘活知识产权质押标的运作机制，推动知识经济型社会的快速发展，实现由资产到资本的重大跨越。

将未来作品著作权作为质押标的，可以有效推动国家发展战略向前发展。政府应该积极采取措施，鼓励企业通过许可、转让、质押等方式实现版权的创收。而对于涉及著作权的业务，政府也要进一步强化并落实著作权质押和作品登记制度，实现从多个方面开发、创新著作权利用方式的目标。事实上，国务院早在

2010年1月就发布了《关于促进电影产业繁荣发展的指导意见》，进一步明确了电影产业发展的总体目标和主要策略。而在2014年2月26日，国务院又发布了《关于推进文化创意和设计服务与相关产业融合发展的若干意见》，其中指出要扩大贷款质押物的范围，探索关于无形资产质押评估的路径，为实现文化企业融资发展目标提供切实保障。纵观国务院最近几年颁布实施的政策意见不难看出，国家战略已经成为推动文化企业发展的"催化剂"。

早些年间上映的电影《战狼2》，导演吴京在后来的采访中就透露了由于后期拍摄资金不足而不得不将房屋抵押的事情。这也告诉我们，应重新审视关于未完成作品的质押问题。事实上，未来作品著作权本身蕴含的价值是难以准确预估的，而如何利用未来作品著作权的价值，将成为决定知识产权发展的重要因素之一。具体来看，我们可以最大限度地利用未来作品著作权的质押价值，同时以未来作品著作权的担保机制作保障，避免前期的投入成为"泡影"，此举也可以为国家知识产权战略的发展注入新动力。

总之，对未来作品著作权的研究，是分析不同行业领域知识产权差异化的必然途径。将未来作品著作权作为质押标的，是强化知识产权创新运用和创造服务的关键，符合习近平总书记在"全面加强知识产权保护工作，激活创新活力推动构建新发展格局"主题会议上指出的要求。同时，加强核心区域自主知识产权的储备与创造也是非常必要的。作品著作权是展现文化企业资本实力的标志，也是反映国家软实力的载体，还是提高国家整体实力的重要内容。

3. 可质押性的经济价值

根据经济学原理，社会必须拥有三种关键要素来支撑生产，分别是土地、劳动和资本。企业自身要想不断发展壮大，就必须获得足够的资金支持。企业可以通过股东出资和贷款融资这两种方式获得资金支持。在过去，为确保担保流程的安全性，将有形不动产实物作为担保标的就成为主要的方法。随着经济的发展，文化企业通常会将无形资产作为资本投入，这类无形资产包括著作权、专利权、商标权以及未来作品著作权等。在文化企业中，未来作品著作权占据了相当大的比重，这是因为未来作品著作权所蕴含的经济价值是难以被精确估算的，对于推动社会的创新和发展具有重要作用。

一般来说，在作品完成后，需要通过许可、转让或质押等方式，并且确保完整性，才能实现自身价值。例如，对于一些影视作品，其价值实现程度取决于其自身的完整性，这是与文学、美术或音乐作品有所区别的地方。电影制作是一个复杂的过程，只有当所有的摄制工作都完成后，电影才能呈现出完整的面貌，市场才能对电影作品的经济价值进行评估。如果计划将未完成的电影作品作为质押标的进行出质，以获得用于后期拍摄等工作的质押融资，那么就必须尽量确保电影作品能够如期完成，并确保其质量能够达到放贷方的认可。就文学作品和音乐作品而言，即使它们只完成了一半，如续篇作品、未完成曲目等，只要足够精彩，它们仍然具有很高的经济价值。根据《著作权法》，只要文学作品、音乐作品和美术作品等已经完成了一小部分，那么著作权人即可取得这一小部分的著作权。

著作权人有权以许可、转让或出质的方式获取收益，以实现著作权的经济价值。在知识经济型社会，必要的资金支持是积累和创造知识经济的关键。因此，将未来作品的著作权作为质押标的，可以为文化企业提供融资渠道支持，同时也能够满足银行和保险公司等机构对资产（担保物）安全性的要求。与未来作品著作权一同质押的，还包括未来作品著作权本身具有的财产性权利。因此，创作过程中的作品有许多未被发掘的价值和发展潜力，并能够承受大量的变动和调整。在质押未来作品著作权过程中，其交换价值和使用价值是相分离的，也就是说，担保方可以在未来作品著作权交易过程中获得优先受偿，而通过出质未来作品著作权所获得的资金，仍然归著作权本人所有。这样一来，文化企业的生产经营效益就不会受到实质性的影响，不仅有利于文化企业，也有利于著作权人，充分发挥了未来作品著作权的经济价值，提高了文化企业的经济效益。未来作品著作权的效益表现在两个方面：一方面，它进一步完善了知识产权体系，促进了知识产权的创新应用；另一方面，作为知识产权体系的重要组成部分，它促进了社会公共利益的实现，并推动了社会经济的整体性发展。

在考虑未来作品著作权作为质押标的产生的经济价值时，我们必须对效率这一概念有清晰认知。所谓效率，是指以最小的资源消耗获得最大的效益产出。我国的成语"事半功倍"就揭示了效率价值的内涵。实际上，知识产权担保领域中所讲的效率，同样具有重要的价值倾向。从经济层面来看，如果将未来作品著作权作为质押标的，那么文化企业就有可能尽早地实现融资，这就表明了未来作品著作权所蕴含的效率价值。作为担保方的银行等金融机构，由于担保制度的存在，借贷双方之间的关系便具有了法律意义，因此，文化企业能够通过质押未来作品著作权获得资金支持的方式来确保未来作品著作权的经济价值。此外，银行等金融机构可以利用质押的未来作品著作权作为担保，以避免因债务违约而遭受损失，帮助自身抵御不利因素的影响。另外，从担保层面来看，未来作品通常是指未完成的作品，该类作品在前期的创作、利用以及传播过程中就投入了大量的精力和资源，因此无论是有形作品还是无形作品，都需要做到有效利用，以避免浪费宝贵的精力和资源。但同时，也要考虑可能发生的风险和失败。将未来作品著作权作为质押标的，是充分发挥知识产权价值的途径。未来作品的创作过程是较为艰难的，因为创作者可能会遇到资金不足等问题，在此时，创作者就需要向银行等金融机构提出贷款融资申请，确保作品创作过程顺利推进，更好地发挥未来作品著作权的经济价值，实现知识与经济的结合以及资本与资金的转化。

4.可质押性的实践需求

未来作品著作权的可质押性是具有相应的社会基础和经济价值的。在现实中，就有关于未来作品著作权质押融资成功的案例。我国可从发达国家（如美国、德国、英国等）中汲取关于未来作品著作权质押立法的实践经验，以填补自身在立法过程中存在的不足或漏洞。按照我国现行的法律来看，关于未来作品著作权是否可以出质这一问题作出的规定，仍然存在需要进一步改善之处。下面就以影视行业形成的融资模式为例，通过分析影视行业具体的质押案例，证明对未来作品著作权的质押是具有担保性质的。

近年来，备受国内观众欢迎的国产影视作品多不胜数，票房收入也更为惊人。例如，《战狼2》获得了超过56.8亿元的票房收入，长期位居国产影视票房收入榜首。这表明，如今的电影行业票房收益已经超越了先前票房收益的局限。一般来说，影视作品只有在创作和制作完成后才能将著作权变现。但事实上，由于在制作过程中缺乏足够的资金支持，因此大多数文化企业会选择出质未完成影视作品的著作权来获得融资，这种质押融资方式也确保了未来作品著作权的经济价值。

较早利用质押融资方式的是华谊兄弟影业，该公司曾在2008年就向位于北京的某银行提出了质押融资的要求，即将未完成的影视作品（约14部）作为质押标的，以此寻求获得该银行的资金支持。而该银行并未完全接受华谊兄弟影业提出的质押融资要求，而是提出每当华谊兄弟影业完成一部作品就向其提供资金支持的建议，确保出质人能够按时履行自己的责任。在华谊兄弟影业未完成的约14部影视作品中，就包括影片《集结号》。该影片筹拍预算为一亿元人民币，但是仅有5000万人民币的流动资金。为尽快筹集剩余的5000万人民币，华谊兄弟影业选择质押未完成影视作品的著作权，而为了尽量减少全球版权成本风险（包括因不能进行片花预售和公开放映而产生的成本风险），华谊兄弟影业又改变了出质未完成影视作品著作权的想法，转而寻求出质全球放映的票房收益权。这样一来，电影《集结号》虽然未完全拍摄，其著作权也尚未确定，但银行却能获得未完成影视作品著作权的质押担保，即票房收益权。可见，该案例也是较早地证实了未来影视作品著作权质押是符合法律规定的，并且未来作品著作权的质押是具有担保性质的，也说明了我国对于未来影视作品著作权质押采取的态度是相对宽松的。

从已有的实践案例来看，以未来作品著作权作为质押标的，在一定程度上完善了我国的担保制度体系。本书所阐述的未来作品著作权质押制度，其实与我国《民法典》物权编中的动产浮动抵押制度存在共通之处。通过浮动抵押这一方式，企业、个体工商户和农业生产经营者等各类主体可将现有的以及将有的生产设备、原材料、半成品、产品抵押。债务人不履行到期债务或者发生当事人约定的实现抵押权的情形，债权人有权就抵押财产确定时的动产优先受偿。我国《民法典》物权编中的动产浮动抵押制度，在一定程度上激发了各类经营主体的积极性，也进一步丰富和完善了我国的抵押权制度体系。在现有法律框架下，尽管将未来作品著作权作为质押标的可以扩大出质物的范围，但现行法律却没有作相关的设质规定，这对于担保体系来说就形成了一种以有具体物品作为担保和无未来权益作为担保的矛盾格局。因此，可以得出这样一种结论：对于未来作品著作权的设质肯定，能够进一步完善我国现行《民法典》中的物权编法。

（三）未来作品著作权质押存在的问题

1.不完善的未来作品著作权质押规定

针对著作权质押规定不完善这一问题，我国应该基于具体的制度构建未来作品著作权体系。并且，当出现司法纠纷时，裁定判罚也需要依据具体的法律规则。然而，在我国的著作权质押体系中，我们发现《民法典》物权编权利质权一节缺少关于未来作品著作权质押体系的规定,而现有的《民法典》物权编第396条介绍了动产浮动抵押的相关内容,其中包括未来的原材料和半成品等,这虽然与未来作品著作权质押有相似之处,但是该条指出:"企业、个体工商户、农业生产经营者可以将现有的以及将有的生产设备、原材料、半成品、产品抵押,债务人不履行到期债务或者发生当事人约定的实现抵押权的情形,债权人有权就抵押财产确定时的动产优先受偿。"该法条总共包含两个要点:其一,浮动抵押是针对企业、个体工商户、农业生产经营者这些主体而制定的,并不包括自然人;其二,浮动抵押的标的物可以是实物动产,如生产设备、原材料和半成品等。可见,在动产质押体系中,并没有考虑到未来财产权的浮动质押制度,现行法条对于著作权担保价值的认可不足,也未能充分考虑著作权质押体系的特殊性质,如果强行套用这些法律规定,将会对未来作品著作权产生不利影响。在《民法典》物权编中,关于抵押和质押的概念界定不够明确。若占有标的物的所有权未转移,则属于抵押;反之则属于质押。然而,在知识产权质押中,因其具有不可转移的人身化特征,所以无须转移该标的所有权即可进行质押。标的物可以根据其属性不同分为动产和不动产,因此在动产担保中无需转移占有权,而在不动产担保中则必须采取双重标准。可以说,动产和不动产的质押标准划分存在一定的模糊性。著作权和物权密切相关,物权法规定的权利往往会影响著作权的行使。另外,著作权被赋予人身属性,这导致其占有权不能被转移占有,著作品质押的程序与动产质押和权利质押的程序也就有所不同。

2. 未来作品著作权质押登记生效主义的不足

总体而言,我国有关著作权及其相关权利的法律规定都允许将其中的财产权出质,这些法律文件包括《担保法司法解释》《民法典》中的物权编,以及《著作权法》和《著作权质权登记办法》。从著作权相关法律规定中可以看出,我国并没有强制要求在登记程序中进行版权财产权的许可登记和转让登记。目前,我国著作权登记方式采用的是登记生效主义的方法,即在《著作权质权登记办法》第5条中采用了"一刀切"的方案。

登记生效主义所带来的烦琐交易流程会破坏私法自治原则,因为它限制了当事人的自由和效率。虽然采用登记生效主义可以有序管理合同,但是该方法也有一些缺陷。首先,采用登记生效主义将难以确保登记质权得到有效落实。例如,一家公司计划签订一份质押合同，将创作的作品作为质权担保来获得贷款，但由于未能募集足够的融资，并且内部的资金也不充足，最终导致运营陷入困境。此外，由于该公司与作为非质权人的第三方签署了著作权抵押登记协议，即使早前的质押合同已经生效，但因为登记生效主义的限制，质权实际上并没有生效。因而，先前签订合同的质权人未能真正拥有该财产的完全所有权，而其债权也只能被视为普通债权。对于债权人而言，这样的结果是不合理的；其次，采用登记生效主义将使交易流程变得复杂。在最近几年，文化产品的发展趋势日益加快，人们对于著作权交易的需求变得极为迫切。在登记生效主义原则的要求下，只有在合同双方签署合同协议，并且得到登记机关的确认后，质权方才能够行使权利。此外，金融机构通常会在质权登记成功之后，向质权方发放贷款。从这一点就可以看出，著作权交易流程的复杂化延长了著作权的交易进程，不利于文化企业的发展；最后，只要合同双方达成的协议不违反社会公德，政府就无需采取登记生效主义干预。如果没有进行质押登记或者第三方并未涉及其中，那么质权的设立将会无效，这说明登记生效主义实际上是多余的。我国台湾省取消著作权登记相关条款是出于保护《著作权法》的初衷，以避免多人对"有登记有权利，无登记无权利"的理解发生误解。

登记生效主义可能会导致先卖后押或先押后卖的风险产生。著作权转让和著作权质押密切相关，两者都会牵扯著作权的权利变动。要推动著作权质权的实施，首先应该转让著作权。我国的《民法典》物权编和《著作权法》均作出规定，即进行著作权质押必须进行登记。而在《著作权法》又规定，凡是作者完成创作的作品，其著作权即刻自动产生，著作权可以被转让的前提是双方应达成一致意见，备案与否则可以自行选择。由此可知，我国实施的是较为宽松的著作权转让备案制度，而这就更加凸显了强制性的著作权质押登记和自愿性的著作权转让备案之间的矛盾，于是就会带来以下困扰。首先，难以明确著作权的所有权；其次，如果双方签订了质押合同但未进行登记，当面临债务人或其他第三方的著作权转让时，该合同的效力将会受到限制；最后，无法确定谁需要得到保护。如果出质人与另一方签订了转让协议，并且出质人又与著作权人签订了质押合同并进行了登记，那么权利优先保护主体就会变得模糊，导致实际操作中经常出现先卖后押或先押后卖的情况。

3. 未来作品著作权质押利益主体双方权益保障的缺陷

第一，出质人权益保障缺陷。在目前的环境下，如果以未来作品著作权作为质权，那么对于年轻的创作者来说是不公平的。法国的一位学者就曾指出，年轻的著作权人通常会在初入行业时充满激情，往往会毫不犹豫地接受合同另一方所提出的要求。也因此，年轻的、缺乏经验的出质人在签订著作权质押合同时也就会面临不公平的合同约束。随着著作权人的阅历不断提高，其就会意识到起初签订的著作权质押合同的局限性。这种情况同样会发生在未来作品著作权的出质过程中，使其无法获得最大程度的权益保障。

第二，债权实现的缺陷，即债权人必须实际控制标的物才能实现债权。未来作品指的是尚未完成的作品，未来作品的著作权归属往往充满着不确定性，而由于标的物并没有以实体的形式存在，质权人也就无法行使应有的权利（即控制标的物）。这种情况下，质权人的质权是形同虚设的。此外，就目前来看，我国的著作权质权制度遵循的是登记生效主义原则，也就是说，只有在完成登记之后著作权质权才具备公示效力。但由此带来的问题是，质权人无法真正控制标的物，也无法了解标的物的相关情况。实际上，对标的物的控制权仍掌握在出质人手中。如果出现"一权多卖"的情况，质权人将无法得知并且难以行使自己应有的权利。因此，假如质权人决定以未来作品的著作权作为担保质押物，那么其势必要面临多种突发风险，因此必须仔细思索考量。

4. 不健全的未来作品著作权质押配套机制

对于著作权质押体系甚至是整个知识产权质押体系的建设而言，一个完善的配套机制是至关重要的。评估机构、评估标准、评估人员以及交易平台，犹如一座横跨两岸的桥梁，使出质人能够轻松地抵达目的地，省去了烦琐的交易流程。目前，我国的价值评估机制和交易机制还没有得到完善。其中，最主要的表现如下。

首先，缺乏权威性的价值评估机构。通常而言，权威性的价值评估机构会针对未来作品著作权的担保融资贷款作出价值评估，并参考价值评估数据确定和授予融资贷款额度。不管是银行还是融资企业，其都需要获得权威性价值评估机构的帮助。但是就当前来看，我国的权威性价值评估机构主要以从事资产评估的会计师事务所为主，而专业素养较高的、涉及知识产权评估的机构较为稀缺，这就导致我国的知识产权行业（包括对著作权的价值评估）处于发展缓慢的状态。而放眼国外，如韩国的知识产权技术研究会和银行合作共建的高专业、高资质的知识产权价值评估机构，主要用于确保评估数据准确无误。其中，专利权价值评估机构是韩国最具有代表性的知识产权价值评估机构，它能用于解决实质性的问题。可见，将银行视为价值评估队伍的成员，并确保其能够辅助价值评估过程，那么银行也就会更加信任价值评估机构得出的数据。其实在我国，名为"知识产权质押融资数据库"的价值评估参考平台，就集结了许多有丰富的知识产权价值评估经验的专家，并且这些专家共同创立了"南海知识产权质押融资项目动态管理数据库"，该数据库可以确保知识产权（包括著作权在内）管理状态的公开透明化。动态的、高效的价值评估管理模式，可以确保质权人和出质人相互监督，同时也可以化解知识产权质押管理方面的风险，特别是著作权价值评估方面的风险。事实上，价值评估机构与企业或个人之间具有相互促进的关系，即：企业或个人可从价值评估机构中获得有关未来作品著作权的利益；而企业或个人对于价值评估机构的选择，能够有效提升价值评估机构本身的资质。因此，在进行知识产权质押融资时，有必要成立一个权威性的价值评估机构。

其次，评价标准和评价方法的单一化。我国的一些学者提出了多种用于评估知识产权价值的方法，如成本法、市场法、收益法和实物期权法等。目前，收益法是企业著作权质押融资中主要采用的方法。而随着市场经济的快速发展，传统的评估方法已经不能再有效地评估未完成作品的著作权价值。此外，市场因素和专利权本身的性质也会对评估结果产生影响，导致不同地区的评估机构得出的评估结果存在较大差异；同时，评估准则的可操作性也相对较弱。如果将未完成的影视作品著作权作为未来作品著作权价值评估的案例，那么就需要考虑影视作品的最新质押价值，并对出质人的偿还债务能力和未来的收益潜力进行评估。假如缺乏普遍接受的价值评估标准和评估方法，那么不同的价值评估机构很可能会就同一作品出现不同的评估分歧。这种分歧会给出质人带来更大的负担和风险，影响出质人通过出质获得贷款融资的额度。在现实中，未完成的影视作品和一般的影视作品，在著作权质押融资方面是存在交易区别的。一般的影视作品是利用信息不对称实现影视作品著作权交易价值，交易双方可以在不透明的状态下完成交易；而未完成的影视作品则通过推动版权市场增长活力、提升企业信誉等，实现影视作品著作权的质押融资。因此，制定切实可行的价值评估标准及方法，可以帮助质权人、银行以及其他金融机构更准确地评估知识产权价值，推动企业或个人实现获得贷款融资的目的。

再次，评估机构工作人员的专业能力有待提升。缺乏可靠的权威机构来对未来作品著作权的价值进行评估，导致其内部的工作人员在专业能力方面受到很多限制。因此，对未来作品著作权的价值评估将面临很大的困难。我国评估机构对于评估人员的应聘要求和筛选条件仍然较为模糊。实际上，评估机构内部的评估人员应该精通法学、经济学和会计学等多门学科知识。但由于评估机构对评估人员的严格要求，导致有志于从事评估工作的人士望而却步，由此形成了专业评估机构数量相对较少的局面。尽管许多律师事务所会提供专利权价值评估服务，但大多并未获得专业评估机构的认证，或是不具备专业价值评估的资格；并且，律师事务所的工作人员通常没有获得专业价值评估资质。

最后，缺少交易平台。以影视作品著作权为例，我国当前的影视作品著作权交易机制仍然有待完善，尤其是影视作品著作权的市场交易机制及流转机制。因为交易机制不完善，买卖双方无法在公平交易的框架内进行交易，这使得银行金融机构（作为交易过程的买方）面临着较大的风险。在著作权质押融资过程中，如果债务人在约定期限内无法偿还贷款，债权人就会采用特定措施以确保其在知识产权方面获得的质押利益，如获得优先受偿权和第三人担保效力。在我国，著作权并不像传统质押标的那样易于变现，因此，未来作品著作权想要实现评估价值（价值变现），就会面对更为复杂的法律难题。仍以影视作品著作权为例，假设银行批准了制片方的贷款申请，但债务到期时制片方未能按时偿还，那么作为债权人的银行就可以用多种方式来变现质押的影视作品著作权的价值，如通过拍卖、销售或打折等方式，以确保最先得到债务偿还。然而，我国当前的著作权快速变现交易平台尚处于完善状态，所以银行很难在短时间内实现著作权的快速变现。因此，我国政府有必要整合各方力量，主动推动著作权交易平台建设，并给银行充足的支持，以确保债权得到有效维护。

（四）未来作品著作权质押的完善策略

1. 细化未来作品著作权质押的法律规定

（1）设立未来作品著作权浮动质押制度

当前，我国对于未来作品著作权质押的法律规定尚待完善，特别是对于未来作品转让、质押以及对出质标的权利性质的问题，需要进一步作出清晰划定。根据我国已有的《著作权法》解释条例，只有著作权及其相关的财产权可以进行转让或出质。而在原《担保法》中，知识产权所包含的财产权可以用于质押担保，但是却并没有明确阐述关于未来作品著作权质押的规定。究其原因，实际上与未来作品著作权作为质押物带来的风险有关。我国的《著作权法》对未来作品著作权的权利转让作出了限制，这会对未来作品著作权作为质押标的改革产生影响。上述难题的解决方案取决于我国现行的著作权质押规定，由于著作权取得原则规定了著作权的权利归属，因此作者只有完成作品创作才能拥有著作权所有权，即进行作品的转让和抵押出质。

针对未来作品著作权的担保问题，美国法律作出了"浮动抵押"的解释。对此，我国可以从美国法律中汲取相关经验，以解决作者未取得著作权而转让或质押未来作品的问题。美国法律规定的"浮动抵押"，可以确保未来作品著作权的潜在价值。在我国现行的《民法典》物权编中，同样对"浮动抵押"作出了解释和规定，并且与美国法律规定的"浮动抵押"有相似之处，都能为促进市场的高效运行寻求和建立新的担保手段。根据美国法律的相关规定和我国现行的法律规定，我国可在《民法典》物权编中的质权部分加入浮动质押制度，以确保现有的和未来的著作权及派生权利可以作为浮动质押的资产。此外，对于所确立的浮动质押制度，我国还可以进一步参考英国的浮动担保制度。该制度将接管人作为一类主体，其类似于在接受破产企业过程中担任的管理角色。知识产权领域的接管人，其主要负责评估市场对版权的影响程度，并采取积极的管理策略降低版权的价值损失。如果版权市场价值下跌，接管人可以应用相关策略，将价值下跌的影响减到最小。确立浮动质押制度，可为出质人和质权提供保障，并为规范未来作品著作权提供清晰的法律指引。这项制度的确立拓宽了文化企业的融资途径，成功地促进了资金在文化领域的流通，以及文化创作和资金循环的有机结合。要明确出质人、质权人和主债务人之间的权利义务关系，确保三方之间的法律关系清晰、规范、合法，以提供法院审理未来作品著作权质押案件的审判依据。

（2）授予出质人重复质押权

身处知识经济时代的大浪潮，只有加大对知识的保护、转化与运用力度，才能为市场经济这个大舞台增添新的活力。如果是以未来作品著作权作为质押，那么就应该遵循效率原则,允许著作权或未来作品著作权重复质押,具体原因如下。首先,著作权的质押实质上不存在占有转移的情况,因此就确保了著作权重复质押的实施;其次,与一般担保物权相比,将著作权作为担保物权有着相对悬殊的差异,即通过权利重复设定质权可以确保著作权的价值不会对质权人的债权产生影响,也不会导致债权目标无法实现。如果未来作品著作权的价值正在上升,那么重复质押所带来的价值将大大超过担保债权本身的价值。建立重复质押是基于自愿原则,当事人在设立之初就应该意识到可能存在的风险。若质权人的权益无法得到有效保障,责任应由当事人承担,以确保公平原则不被侵犯。本书作者认为,在考虑设立重复质押时可以参照《民法典》物权编第414条的规定,同一财产向两个以上债权人抵押的按照登记的时间先后确定清偿顺序。

2. 确定未来作品著作权质押登记对抗主义模式

(1) 采取未来作品著作权转让与未来作品著作权质押之间的衔接

不论是针对未来作品著作权还是一般作品著作权,本书作者建议在著作权登记生效主义的限制下采用登记对抗主义模式。在著作权质押登记方面,日本一直使用登记对抗主义模式来管理变更。在日本,如果要设立或变更著作权质权,必须按照规定进行取消登记簿上的登记程序。采用反欺诈措施可以防范对抗行为,保障交易参与者的安全,同时简化了交易流程,降低了善意第三方面临的风险。我国现行的是登记生效主义原则,关于此原则的法律依据可见于《著作权质权登记办法》第5条,其中规定"著作权质权的设立、变更、转让和消灭,自记载于《著作权质权登记簿》时发生效力。"[1] 在著作权的转让和质押方面,采用登记制度,这样第三方就可以通过公开的方式,清楚地了解作品著作权的权属状态,避免因权利变动而引起的不公。著作权质权人有权查询与登记部门相关的交易记录,以了解著作权权利人的作品状态。一旦著作权发生转让,债权人可以查询该转让信息,此时第三方无法反驳该转让对债权产生的效力。即便已完成质押登记,善意质权人仍然有权取回出质标的物,同时也能避免面临质权实现的风险。如果进行了转让登记,债权人有权在向出质人办理质押登记之前向登记机构查询是否已进行过著作权转让。如情况属实,债权人可以拒绝办理质押登记并撤销质押合同。由于转让登记已完成,并且该转让行为对抗力已生效,因此著作权的受让人不必

---

[1] 著作权质权登记办法[J]. 司法业务文选,2011,(06):45-48.

担心著作权人可能将该权利以质押的方式再次转让给他人。

总之，将著作权转让和著作权质押结合起来使用，可以有效地降低合同双方的风险。应该把著作权转让和著作权质押登记统一起来，即形成统一化的登记对抗主义。

（2）确立未来作品著作权转让"未经登记不得对抗第三人"的效力原则

通过登记对抗主义模式，可以建立"未经登记不得对抗第三人"的著作权转让规则，从而有效规避对先押后卖或先卖后押这类情况的风险。运用登记对抗主义模式时，著作权的受让人可以自主决定是否进行登记，但是也不能排除未来作品著作权人是否由于侥幸心理而未转让登记著作权。

我国不动产登记制度采取的是登记在先的原则，该原则也对本书所讲的未来作品著作权质押登记制度有所帮助。在本书作者看来，应该通过制定相关规定规避由未来作品著作权先卖后押或先押后卖产生的风险。首先，对优先完成登记的进行着重考虑；其次，若出现重复登记的情况，优先考虑先登记的一方；最后，如果有多位版权受让人购买了同一份版权但未进行转让登记，则需要依据合同生效的时间先后顺序，明确权利的归属。

3. 保护未来作品著作权质押利益主体双方的权益

（1）厘定出质对象

即厘定未来作品著作权对象，主要是确定可以对哪些尚未完成的作品设置著作权约束。未来作品著作权可以根据作品的完成进度分为尚未开始创作的作品、正在进行中的创作作品和即将完成创作的作品。本书作者的观点是，为避免未来作品著作权出质带来的风险，最好只出质正在创作且很有可能完成的作品的著作权。关于如何评估作品完成度这一问题，我们可以从不同的角度进行考虑。例如，可以考虑作品未来所属的文化企业的财务状况，以及未来作品著作权的受欢迎程度。另外，为了确保出质人的合法权益得到保障，并避免其在质押时处于不利地位，质押合同必须明确注明出质权的种类和期限。具体可以借鉴法国类似的规定，即规定出质人只能出质已经完全获得作品权利的作品，任何未完成或尚未获得相关权利的作品均不得作为质押标的，否则该质押合同无效。

（2）规避出质风险

通过研究并制定适用于中国特色的完成作品保证制度，能够有效预防作品出质风险。建立完成作品保证制度,可以整合风险担保公司、制片方、银行等多方主体的合作,从而控制影视作品在拍摄过程中的风险。这种可实施的策略是将未来作品著作权担保和完片担保相结合,以合理规避出质风险。

一些欧美国家普遍使用完成保证制度,这种制度为影视行业与金融业的紧密联系提供了服务。2015年,某公司看好中国影视市场的潜力,因此决定在上海建立分支机构。但是,由于该分支机构尚处于初期发展阶段,再加上中国影视产业的结构尚不完善等原因,发展并不如预期顺利。据此我们可以在探索的过程中总结经验教训,尝试新的方法。本书作者认为首先应该设立一家专业的风险担保机构,该机构负责对未来影视作品进行深度评估并进行风险监控。深度评估可以从多个角度进行,比如评估影视剧本的质量、制片人在影片拍摄中的预算分配情况,以及演员的表演等。风险监管部门负责派遣人员实时监督拍摄过程,以确保在拍摄过程中发现可疑情况时能及时向风险担保公司发出警报。假若影视拍摄面临破产风险,通常会采取责任分流模式,即制片方需承担其相应的风险范围,同时风险担保公司会向受影响的银行等金融机构进行投资赔偿。其次,需要加强对影视行业协会的监督和管理。欧美国家是利用工会来保障演员及其他相关人员的权益,并且工会在相关领域拥有很大的话语权,一旦发现预算超标等问题,工会可以在协商无果时要求调换导演,我国可以学习欧美国家的监管模式,设立影视行业协会并将其作为重要的监管机构,在影视行业领域对制片方和演员的职责进行信用记录公示。通过此举,保险公司可以根据信用记录公示情况衡量投资风险。影视作品著作权作为质押物可能面临的主要风险在于权利未能完全形成,这将直接影响质权人的质权实现。一些保险公司提供了保险服务,以确保未来某个时间段内影视作品能够成功完成并形成完整版权。

通过建立完成作品保证制度,可以促使银行等金融机构更加关注未来作品著作权的质押价值,并有效预防未来作品著作权的质押风险,以保障质权人的利益。另外,建立完善的完成作品保证制度有助于尽早使影视作品与国际接轨。

(3)明确违约责任

确立违约责任可以解决质权人作为主体一方所处的不利地位问题,即在作品著作权质押过程中质权人和出质人之间的利益达到平衡,以避免利益不平衡影响未来作品著作权质押流程的情况。

《著作权法》旨在维护创作保护主义，既要保护创作人的利益，也要考虑保护其他人的利益。在作品著作权质押过程中，出质人和质权人的利益应该得到平衡。而由于本书探讨的未来作品著作权有着特殊性，质权人往往处于不利的一方，主要是因为出质人掌握着创作与否的决定权。如果创作人不愿意完成作品，基于对创作人人格权的尊重，法律不允许迫使出质人完成作品，因此质权人会面临无法实现质权的风险。这就要求，在立法中应该明确文化企业作为出质方的违约责任，对出质方是否故意或者非故意地不创作以及其他客观或主观的违约缘由进行审查，据此建立具有差异化的违约责任承担机制。

4. 完善未来作品著作权质押配套机制

（1）建立权威的价值评估机构

配套机制是否完善，对未来作品著作权质押的运作起着重要作用。为健全未来作品著作权质押机制，需要设立专业的价值评估机构。例如2019年上海影视版权服务机构建立的版权服务机制，主要用于指导和服务作品前期的著作权，包括对版权价值的评估、提供相关的交易建议服务等。该服务机构还会跟踪和测试版权后期评估对象，并积极致力于培养人才、开发技术以及评估价值，为评估行业提供专业理论支持。该服务机构拥有顶尖的著作权专业服务团队，包括著作权评估团队、著作权法律事务团队、著作权信息检测团队以及著作权投融资团队；此外，还包括由各大协会、银行、律所和高校等机构组成的售后服务团队。因此，上海影视版权服务机构成为我国影视版权服务的试点机构。其实，我国需要建立一个综合性的影视作品著作权服务机构，在此基础上确定一个可行的、标准化的价值评估标准，以此提高我国著作权价值评估机构的水平。

（2）制定未来作品著作权价值评估标准

为了实现未来作品著作权的质押，需要制定全面、科学、有效的价值评估标准。目前存在多种评估影视作品著作权价值的方法，包括市场价值评估、成本价值评估、收益价值评估及实物期权价值评估等。然而，这些方法在实践中的可行性并不高，因为它们主要采用经济学中的资产评估方法，无法满足本书研究对象的具体需求。

要解决这个问题，必须以一般作品著作权的价值评估标准为基础，开发未来作品著作权的价值评估标准。换句话说，只有理解了一般作品著作权的价值评估标准，才能为未来作品著作权的价值评估提供有效的帮助。21世纪初，我国就高度重视知识产权质押融资中的价值评估。虽然针对知识产权质押融资的资产评估方法自2001年以来已经得到改进，但总体来看，这些方法的实用性还不够强。例如2017年10月发布的《资产评估基本准则》，虽然对术语做了一些修改，并且废除了一些不必要的条款，但它没有详细阐述具体的评估方法的实施措施。在此情况下，政府需要整合各方资源并尽快确立对未来作品著作权价值的评估标准。本书将从以下几个方面深入探讨著作权的价值评估标准。

首先，参考文化企业的融资策略。不同的融资企业受到不同投资者的信任程度不同。在对著作权进行评估时，企业类型是价值评估机构应该考虑的因素。在我国的电影电视行业中，如华谊兄弟、光线传媒、博纳等知名影视企业，它们获得的融资额度各不相同，同时它们的财务经济状况也有所不同。因此，在对其进行价值评估时，需要重视企业内部资产的安全性，评估企业股权和财产抵押情况，以及考察其与关联公司的交易，更全面地了解企业的还债能力和资本运营能力。

其次，评估作品及其价值。有些作品的所有权可能存在争议，同时有些作品的内容也可能涉及侵犯版权的行为。因此，在评估作品方面，首先要确保版权的归属没有任何争议，还需要有一支专业的法务团队来评估作品涉及的合同风险以及其他相关法律问题。

最后，考虑作品创作环境。任何作品的创作过程都必须坚持正确的政治导向。影视作品著作权同样如此，正确的政治导向可以推动影视作品在票房上占据优势地位，同时也有助于顺利通过审查。此外，正确的政治导向也决定了观众对影视作品的喜好度。例如，2021年春节档电影《你好，李焕英》在票房上大获成功，就是因为该影片紧紧围绕观众的兴趣点，将亲情和幽默融为一体，受到了观众的喜爱。实际上，不同类型的作品在观众心中的受欢迎程度是有所差异的，如神话题材、悬疑题材和爱国题材。

因此，通过考虑上述三个方面，金融机构能更科学地评估未来作品著作权的风险价值。在强调"内容为王"的时代，文化企业内部的核心竞争力可以通过内容的独特性来体现。

（3）严格筛选评估人员

评估系统中存在一个显著的漏洞，即缺乏可信度高的价值评估团队。但是这种情况在国外却得到了有效解决，尤其是美国对于评估团队人员的招募和组合采取了严格的程序限制，为我国严格筛选评估人员提供了经验借鉴。

美国采用行业考试管理模式筛选评估团队人员，该模式具有非常严格的流程和标准。行业考试管理模式是由美国评估师协会组织的考试，该组织成员可分为五个等级，包括学生会员、联系会员、见习评估师、评估师和资深评估师。要参加协会考试，考生需要具备5年的评估工作经验，并需要参加4门科目考试和1门评估准则考试。行业考试管理模式也是由美国评估学会组织的考试。想要加入该组织，就必须通过一系列考试。考试分为一级和二级，题型则包括客观题和主观题。其中主观题的难度较大，其主要目的在于评估考生的灵活适应能力和接受新事物的能力。

从美国评估学会和美国评估协会的考试制度中，我们可以得出一些有意义的启示。首先，我国可在高等院校中开设著作权评估专业，政府则需要提供政策和资金支持。当前，我国著作权评估队伍仍有待扩大，这种状况与学生综合专业水平较低有密切关联。一些有意学习该专业的学生因其难度大和门槛高而感到畏惧，为解决这一问题，政府需要在高等院校中开设著作权评估专业，并投入资金、提供补贴。此外，高校也应不断健全著作权评估课程教学体系，将经济学、管理学和法学等理论知识融入其中，注重学生实践操作技能和职业决策能力的培养。其次，规范考试报名资格。目前，我国要求具备大专学历及以上的人员才能报考注册资产评估考试，而美国则是要求报考人员具备本科及以上学历，或完成3000小时的课程学习、至少1周的评估专业培训以及有5年以上工作经验。鉴于我国在未来作品著作权评估方面缺少专业人才，因此在借鉴美国经验的同时，应结合本国国情提出富有特色的注册资产评估考试模式，可以对某些要求进行适当放宽。在未来作品著作权质押融资过程中，选择经过严格筛选的未来作品著作权价值评估师是不可或缺的，这也是促进文化企业健康快速发展的关键要求。

（4）建立未来作品著作权交易平台

目前来看，我国未来作品著作权交易平台的发展尚未成熟，尤其是影视版权交易平台，虽然在其专业领域内取得了一定的成绩，但还不能完全满足社会市场的需求。为了进一步完善未来作品著作权质押配套机制，我国需要建立并完善著作权交易平台，而著作权交易市场则是实现著作权交换价值变现的平台保障，其能为质权人的权益保障提供重要支持。如果成功地将著作权转化为经济价值，那么质权人的债务将会顺利清偿；但如果拥有作品著作权的质权人无法从中获得利益，那么其债权可能会得不到清偿。实施担保物权需要依靠交易市场，而著作权交易市场则是实现著作权价值变现的主要渠道。

由于交易市场不完善，许多债权人起初并不接受将著作权作为担保物的方式。实际上，我国现有的著作权交易市场规模仍然较小，再加上流通性较差和受到地域限制等因素的制约，导致著作权价值变现困难重重。在本书看来，完善著作权交易市场可以从以下三个方面展开。

首先，充分利用现有的技术产权交易市场。随着知识经济的兴起和发展，知识产权战略如今已成为国家级战略之一。因此，为更好地将知识产权战略应用于技术交易市场中，主管机构应该建立和健全著作权技术交易数据库，记录企业利用著作权质押融资及办理质押登记的信息，并及时向社会公布全面准确的著作权信息，以便向机构、组织或个人提供必要的信息服务。这样一来，在实现著作权质权时，质权人可以低成本、更快地变现著作权，从而更快地偿还债务。目前，基于区块链技术搭建的技术产权交易市场框架在我国已基本成型，由此实现了著作版权的登记和交易。区块链技术能够直接记录和储存数据，有效管理涉及侵权的证据。尽管我国的技术产权交易市场能够覆盖相应的版权领域，但是涉及版权归属的纠纷问题仍然没有得到有效解决。因此，我国需要尽快完善相关政策，推广可靠、实用的技术产权交易平台。

其次，国家知识产权局应该牵头创建著作权交易信息共享平台，允许具有版权处置权的个人、机构或组织在平台上发布版权信息，寻找有意向的交易对象，这样可以方便双方的交易过程。具体可参照北京国家版权交易中心的做法，通过收集文化企业的基础信息，同时借助智能检测技术，在信息化共享资源平台全方位了解企业的财务状况和发展前景等信息。此外，该平台还将定期与金融机构合作开展业务，向金融机构推荐优秀的文化企业，帮助文化企业实现融资目标。可见，该项目既能缓解文化企业融资压力，又能助推银行获得投资项目，从而达成互利共赢。

最后，及时更新与完善著作权市场交易法规。目前，我国的《著作权法》尚未明确规定著作权交易的操作规程。尽管如此，在知识产权中的专利权法中仍然强调了一个原则，即在进行著作权质押融资时，质权人可以学习专利权知识，以弥补潜在的不足。因此，制定有关著作权交易的法规是当务之急。为了促进著作权交易的发展，我国的知识产权部门有必要制定统一的著作权交易法规，以确保未来作品著作权的质押融资等其他权利得到完善的保障。

总之，考虑到目前我国著作权质押制度的问题，我们需要进一步完善未来作品著作权质押的法律规定，以明确我国立法的立场，解决著作权质押法律模糊问题。具体包括：以未来作品著作权质押制度登记对抗主义模式，简化作品著作权质押交易流程，有效避免先押后卖或先卖后押的风险；通过保障著作权质押主体的权益，增强未来作品著作权质押价值变现的效率；通过建立完善的未来作品著作权质押配套机制，为应用未来作品著作权提供动力和支持。

三、著作人身权与财产权在质押中的制约与措施

（一）著作人身权对著作权质押的制约

1. 著作人身权对质押权造成制约的根源

世界著作权立法体例，按是否可以设质分为"版权体系"和"作者权体系"。其中运用"版权体系"的国家在制定《著作权法》时更加注重满足经济利益的需求，认为作品应属于可以转让的财产。而"作者权体系"则认为作品不同于一般的商品，它是作者思想智慧的结晶，展示了作者丰富的人格并在此基础上加以扩展。所以出于对作者权的保护要对其设质的著作权加以限制。"作者权体系"具体可细分为"著作权一元论"和"著作权二元论"。强调著作人身与财产权不能相离，统一于著作绝对权之下，相互融合，因此不可将其中的财产权单独让与他人，这就是一元论的代表观点。德国学者把著作权做了一个生动的比喻，其象征着一棵大树，树根汇聚着人格和财产利益，二者盘根错节，并且为作为树枝的著作权的各项权能提供能量；法国代表"著作权二元论"，其认为著作人身权紧密围绕着创作人的人格，因此不可转让和放弃；财产部分的权利则不同，二者权能分开互不干涉，财产权属于纯粹的经济性权利能够被转让。美国作为"版权体系"的支持者，在版权法中没有对著作权设质作出限制，以激励知识产权为法理基础，否定大陆法系国家的作者权保护中心主义，直到加入了《伯尔尼公约》，才开始逐渐承认著作权中的精神权利。

大陆法系国家高度推崇精神权利的保护其法理依据在于，作者与作品互相依附的关系是与生俱来的，即使作品受让者将其中的思想或技术变成自己的东西并拥有其使用价值，但是复制该作品的所有人仍然是作品创作者。著作权源于创作产生的人格权，作品上具有的财产利益仅属于作者人格的反射，精神权利效力优先。我国的著作权立法深受"二元论"影响，将著作权区分为著作人身权和财产权，法律排除了这些具有人身性质的著作权用于转让或设质的可能。

知识产权制度建立于商品化基础之上，在实现其财产和社会利益的过程中体现的是从作者创造到他人的传播，最终实现全社会的共享和利用，并非只体现个人对其知识产品的完全支配。就著作权的质押来说，它便是对该项权利的充分利用，但由于版权体系的二元结构，造成其人身权与财产权在质押担保法律关系中由不同权利主体支配，形成了二者之间的权利冲突。再因我国《著作权法》和《物权法》以及《担保法》等法律对相关问题规定上的空白，造成司法实践中适用法律规定的混乱，最终导致问题无法被妥善解决，质押制度达不到预期效果，影响当事双方经济利益的实现。因此，需要有效协调著作人身权和财产权在质押中的关系，保证质押担保目的的实现。

2. 著作人身权与财产权在质押中的冲突表现

在文化产业蓬勃发展的背景下，以及网络科技与电子商务的热潮中过分强调著作人身权显得不合时宜，其显然给版权的交易与融资担保带来了不可低估的负面效应，无故加重当事人在版权转让或质押中的顾虑，担心著作人身权的行使影响其权利的实现。二者冲突主要表现在以下几方面。

其一，发表权对质押过程的影响体现在，在设立著作权质押中，如果将还没有发表作品设定质押，质权设立完成，出质人与质权人又没有具体约定由质权人行使发表权的情况下，当债务人到期无法清偿债务，著作质权人要将著作权变现以实现质权时，出质人以享有发表权为由阻止质权人将作品公开发表。因为只有将作品公之于众才能体现其本身的经济价值，如果阻止发表权的行使，那么质权人就无法处置质押作品的交换价值，同时想获得优先受偿的目的也随之落空。根据"二元论"用于质押的只能是著作财产权，人身权不在其范围内，所以发表权不会受到质押关系的制约，此时著作人身权与财产权就发生了冲突。

其二，修改权对著作财产权质押的影响表现在，当质权人实现质权享有了著作财产权后，出质人要求对作品进行修改，由于修改权不属于质押标的，其还属于作者本人，那么作者就有修改原作的权利。如果修改后作品内容更丰富，更符合读者品味，其价值就会提高，蕴含更大经济利益，对质权人有利；但修改后，作品的品质降低，受众下降，就会直接导致其现有市场价值的减损，危害质权人的利益。然而基于"二元论"质权人对阻止这种情况发生无能为力，因此其权利不能得到切实保障。

其三，署名权对著作财产权质押的影响表现在，有一定声誉和名望的作者在作品上署名会给作品带来额外的价值。"名人效应"的作用下，作品会在短时间内获得很多的受众，因此经济效益会大幅提升，质权人的利益会得到更进一步的保证。我国允许作者在作品上署名，作品之上没有作者姓名也是允许的，这取决于作者本人意志。如果出质作者拒绝署名或者未署其真名，则读者会以为此作品的作者毫无名气，进而影响作品的售出，无法发挥作品之价值，至于质权人怎样维护自己的担保利益不受损坏，法律不置可否。此外，如果作者要强加署名，即行使署名权会提高交易成本的情况下，作者还要署名，质权人是否可以对抗其署名权法律也没有明确规定。

（二）著作人身权与财产权在质押中措施

1. 限制著作人身权的理论学说及评价

对著作人身权的过度保护和强调虽然突出了作品的人格意义和精神价值，但妨碍著作财产权效用的发挥，不利于其价值的实现，同时也不符合知识经济市场的发展要求。因此，为了更好地适应市场经济和满足社会需求，国家必须对著作人身权进行一定程度的限制。欧盟国家一直以来都以实现欧洲市场一体化为立法原则。在欧共体条约中，明确了除非为保护特定主体的财产权利，否则不能以行使权利的方式干扰商品的自由流动这一原则，这也表明商品流通是最重要的。按照德国《著作权法》的规定，在修改他人作品时必须履行诚实信用原则。按照日本《日本著作权法》的规定，对著作人身权进行了一定的限制。另一方面，当不违反交易习惯以及不妨碍作者要彰显其作者身份的权利时，他的名号可以隐去。同时，作者应该允许在不改变作品的性质以及使用规则的前提下对其作品进行必要的不能舍弃的修改。可见，对著作人身权进行限制即弱化精神权利已形成了无法阻挡的趋势，并且理论界已经提供几种解释理论供我们借鉴。

（1）精神权利放弃说

英美法系国家主要主张精神权利放弃说，即著作权人可通过签订书面协议的方式放弃其所拥有的精神权利。美国版权法含有关于放弃精神权利的条款，该条款明确指出，作者采用书面明示的方式注明其放弃精神权利，并署以自己的姓名。同时，该文件涵盖内容要全面，仅在双方当事人强调的范围内有效，其中包括作品名称、作品如何使用、放弃行为的双方当事人的签名。但奉行作者权理论体系的国家并未采用此主张。因为根据作者权理论，著作人身权不得放弃和转让，在此理论下认为这种放弃是对物的处分，会产生物权法上的效果，并代表着对该权利永远的抛弃。而版权法体系下则认为，精神权利的放弃是一种用合同来限制作者自身权利的方法，属于债权行为，这种限制是临时的。精神权利放弃理论自身存在不足，因为面对实力雄厚的大型文化企业，作者在与其进行版权交易的过程中势必会因势单力薄而被其牵制。如果可以通过订立合同放弃精神权利，在没有法律强制力约束的前提下，作者很有可能被经济压力所迫，委曲求全，选择放弃。而且，为了压低成本，追求经济效益，一些传媒企业会事先制定好格式合同，即内容关于精神权利的放弃，使作者陷入了签与不签的两难境地。我国著作权立法遵循作者权理论，因此精神权利放弃说与我国立法大相径庭，不适宜在我国使用。

（2）精神权利穷竭说

穷竭说的代表观点为，当事双方在签署版权转让合同时，与其中财产性权利相联系的精神权利，自合同效力产生的那一刻便被当作权利已行使或是已被用尽，进而作者便不得再就其享有之权利向他人提出主张。该学说是对商标与专利权权利穷竭理论的延伸，但是商标和专利权本质上都属于纯财产性的权利，不同于著作权的人身与财产的双重属性。所以，权利穷竭理论中的权利仅指权利人的经济利益，其追求的是平衡公共利益与个人利益间的关系。为达成这种平衡，而对商标和专利权的行使进行限制，以防其行使阻碍有形商品的流通和销售。由于著作权是著作人身和财产权的集合，当规则用于著作权时，其中的财产性权利固然可以穷竭，但是，人身性权利能否穷竭难免会产生疑问。著作人身权，除发表权外，从始至终都应受到持续性的保护，这是我国《著作权法》所遵循的，权利穷竭显然与该宗旨不相匹配。

(3)精神权利合理使用说

此学说来源于著作财产权的合理使用制度,核心内容为在不有违于法律规定的特殊情形下,他人无需著作权人之允许并不受约束地使用该创作人的作品,同时也不需要支付相应的对价。合理使用制度是一种合法限制著作权的手段,它所期望的是能够通过此种限制来寻找到作者个人利益与公众利益之间的平衡点,进而使二者的关系更加协调。将合理使用适用于著作人身权领域,可得出对著作人身权的自由使用必须在合理的前提下,并从对作品使用的目的、性质、程度以及是否会阻碍其交易价值之发挥等方面来斟酌是否"合理"但是,对著作人身权合理限制不能完全套用著作财产权的合理使用制度,二者存在一定的区别。首先,二者协调的是不同主体之间的利益。前者是发生在著作权人与质权人之间,因为著作人身权的行使阻碍了质权的实现,因而要加以限制,属于私人利益间的冲突;后者则是在协调作者个人利益与社会公共利益间的冲突。其次,二者追求的价值目标不同。前者设立的目的是使著作权所带来的经济利益最大化,以商业使用为原则;后者设立目的则是满足公众对知识的合理需求,防止思想垄断,不以追求经济效益为价值目标。

一般该制度的核心在于限制著作财产权行使,其恰恰是以尊重作品创作人的精神权利为前提的,况且"合理"标准的确定更多掺杂主观色彩,见仁见智,所以合理使用制度一直以来都是立法上的缺憾,在司法中也适用困难。在此情形下,再将合理使用制度扩张到著作人身权领域,难免会使法律关系更加复杂,增加了对合理性判断的难度。

2. 我国应采用许可使用和默示推定并举模式

以上学说都存在各自的弊端,与我国著作权立法体系存在逻辑上的不符,因此作者主张,采用许可使用辅助于默示推定的模式来解决著作人身权与财产权在著作权质押中的冲突问题。首先,基于遵循当事人意思自治的原则,质押法律关系的双方在订立质押合同中,可以明确约定著作权出质人到期不能及时偿还债务,质权人为实现债权对著作财产权进行处置时,质权人及之后的受让人都被授权许可使用与质押标的有关的著作人身权,且法律承认该约定有效。其次,如果当事人并没有在质押协议中涉及授权质权人许可使用精神权利的条款,那么法律规定只要符合合同目的,即可以推定著作权人以默示的方式允许质权人及受让人行使其著作人身权。

需要注意的是，为防止质权人过分扩大合同自由，造成权利滥用以至于不合理地压制作者的著作人身权，应在《著作权法》中增设质权人被许可使用著作人身权后，其行为不得损害著作权人的名誉和声望，更不得违背公序良俗，违反此项规定的后果即该项条款归于无效。此规则的设计一方面不会使现有的著作权质押制度直面因此带来的冲击，也无须因制度的转换付出高昂代价。债权人便可不必顾虑因作者要行使精神权利而不能实现质权，如此一来质权人可毫无负担地接受设质，并为著作知识产权质押融资排除部分障碍。从另一个角度出发，关于无效条款的规定制裁了损害作者声誉的行为，给予了著作权人之精神权利的基本尊重和保护。同时，与《伯尔尼公约》中保护精神权利的标准相吻合，即作者虽然将著作财产权让与他人，但是还持续享有身份权，可对篡改、歪曲等破坏作品完整性的行为加以阻止。综上所述，该模式搭建起协调著作权人、质押权人以及受让人彼此之间利益的桥梁，既彰显了司法自治的精神又贯彻了社会利益平衡原则。一方面可以完善法律体系内部的逻辑构成，另一方面有助于减少不必要的交易成本，提高交易效率，充分发挥著作权的经济价值，进而从整体上带来社会利益的增长。

四、我国著作权质押融资制度的完善措施

现阶段，我国的文化产业方兴未艾，随着互联网金融时代的到来，也出现了互联网金融与著作权融资相结合的趋势。文化企业最为核心的资产就是著作权以及因著作权衍生的利益，著作权质押融资过程的复杂性以及著作权价值变现的波动性，决定了立法需要格外注重著作权人、质权人、出质人与社会公众之间利益关系的平衡。针对我国当前著作权领域存在的问题，应建立科学、合理、规范的授权机制和交易规则，以保障著作权人的权益得到应有的尊重，同时也让使用者可以通过合法的渠道获得更多的作品授权。为了降低版权交易风险，避免权属争议，我国在著作权立法中应该加入关于著作权和相关权利登记的规定。

（一）完善著作权质押融资法律制度

著作权质押法律制度应当作出适当的调整和补充，以便增强文化企业的融资能力，实现作品经济价值和社会价值的双重保障。

1.著作权质押融资需要高位阶的法律支持

我国现行《著作权法》对著作权的保护不够，难以有效遏制侵权行为，不足

以激励创作者的积极性。著作权授权机制和交易规则不畅，难以保障使用者合法、便捷、有效地取得授权和传播使用作品。著作权质押法律规定过于原则化，缺乏可操作性，存在不同位阶的法律规范对同一内容重复规定，而应规定的内容未予规定的现象。因此，有关部门应当尽快制定有关著作权质押登记、价值评估、流转等核心问题的相关配套法规、规章或实施细则。

2. 科技创新应为《著作权法》立法目的之一

在知识经济时代，科技创新快速发展，我国现行《著作权法》"保护文学、艺术和科学作品作者的著作权"这一立法目的已不能完全满足我国经济社会发展的需要。同时，我国现行著作权的立法内容也与国际立法趋势以及其他发达国家的著作权立法存在较大的差距。例如，《与贸易有关的知识产权协定》（TRIPs）已将促进科技创新摆在著作权保护的重要地位，著作权保护对象应当不局限于文学、艺术及科学领域，科技创新成果也应当属于《著作权法》保护的范围。因此，建议我国应当将著作权立法目的表述进行合理修改，并增加保护科学、技术作品及其作者权利和促进科技产业发展的内容。

3. 完善著作权质押融资相关法律规定

（1）完善著作权质押登记制度

著作权质权登记是著作权质权的生效要件，著作权权利变动登记制度的完善可以为质押双方对著作权的权利状态提供准确的判断依据。围绕著作权变动的公信力问题，著作权质押登记制度的构建需要考量公示公信原则、法律制度基础和登记制度理念等因素。作者认为，著作权质押登记制度可以补充以下规定。

著作权质权登记可因当事人一方的申请而启动。出质人与质权人应当向著作权行政管理部门提交著作权质押登记的书面申请，著作权质权在著作权质押登记完成后设立。

登记机构对著作权质权登记实行形式审查为主，辅以实质审查。著作权质押登记是依照法定程序对著作权质押合同双方当事人自愿设定著作权质权事实的确认。对著作权是否存在瑕疵以及著作权质押合同的内容，著作权登记机构不需过多干涉，著作权质权设立后所产生的风险由出质人和质权人承担。著作权登记机构仅就其登记事项承担责任。

著作权价值评估不是著作权质押登记的必要条件，不应要求当事人提交著作权价值评估报告，不应作为著作权质权设立的前提，它只起到对抗第三人的作用。

应当保持著作权质权登记内容的真实性。就申请文件和登记事项而言，应提交作品权利证明、共同出质权人的书面协议，无须提交著作权转移的登记证书，著作权质权的设定无须转移著作权的占有。

设立著作权质权异议登记程序。为了维护第三人的可信赖利益，我国《著作权法》应当借鉴《物权法》有关不动产登记异议条款，设立著作权质权异议登记程序。一方面，异议申请人需提供与该著作权质押具有利害关系的证据，若异议登记失败的，申请人应就其给权利人造成的损失承担赔偿责任；另一方面，异议登记的申请人可为著作权人以及任何与之存在利害关系的第三人。例如，在发现著作权质押登记的信息与事实不符时，出质人或质权人均可提出异议申请；共有人在共有权利被错误登记为单独权利时，也可以提出异议登记。

将《著作权质权登记办法》第14条的规定纳入《著作法》中，统一《著作权质押登记办法》和《著作权法》对著作权质押的规定。

（2）在著作权立法中增加有关法律规定

在技术创新引领发展的时代趋势下，我国应当及时调整著作权质押融资法律规定，在立法中增加以下内容。

明确署名权、保护作品完整权等人身权的非对抗性。在著作权质押法律关系中，为保护质权人利益，在设定著作权质权之前，著作权上已经存在其他权利负担时，出质人应承担相应的承受义务。

我国善意取得制度适用对象包括动产、不动产、抵押权、动产质权、留置权，现行法律对此作出了相应的规定。但是，对于知识产权是否适用善意取得，我国法律没有明确的规定，学界长期存在较大的争论。由于我国著作权采取自动取得原则，《著作权法》中应当明确著作财产权可以适用善意取得制度。

明确著作权集体管理组织所服务的著作权"相关权利人"包括著作权质权人。

（二）完善著作权质押评估体系

发展著作权质押融资需要进一步完善著作权担保评估体系，这样既可以为著作权质押物价值的确定提供参考依据，又有利于企业和金融机构对于融资风险的识别和防控。由于文化产业不同业态呈现较大的个性化特点，著作权质押受环境影响较大。大部分文化企业规模偏小，在运作模式、盈利模式和金融需求上存在较大差别，银行很难从常规渠道具体了解企业信息，因此著作权价值评估是著作权质押融资的重要环节。特别是随着知识产权质押融资的普遍化、常态化，在现行资产评估体系下，我国应当根据不同的评估对象分别制定不同的知识产权评估规则。

1. 完善著作权质押评估流程

2017年9月8日，为了规范资产评估执业行为，保证资产评估执业质量，保护资产评估当事人合法权益和公共利益，在财政部指导下，中国资产评估协会根据《资产评估执业准则——无形资产》，对《著作权资产评估指导意见》进行了修订，明确规定著作权资产是指权利人所拥有或者控制的，能够持续发挥作用并且预期能带来经济利益的著作权的财产权益和与著作权有关权利的财产权益。根据相关的法律规定，我国著作权质押评估在具体工作流程上，应当包括以下内容。

第一，对申请项目进行严格的初选。在发放贷款前，质权人要对著作权权属、企业资信情况及其价值评估等方面进行详细调查，明确权属关系，建立贷前风险控制机制。核实出质人的资质，采用信用终身制对著作权质押融资的企业建立信用档案，对贷款额度、期限、用途等方面进行限制。

第二，可行性市场前景预测。考察著作权质押项目运作情况，具体包括项目创新程度、产品市场需求调查、企业的经营状况、市场对项目的接受程度、与项目有关的政策导向等方面的情况。

第三，著作权项目权属关系调查。著作权质押项目权属关系调查范围包括著作权权利归属、著作权的许可使用状态，以及是否涉及侵权纠纷等内容。例如，对美术作品的检索范围不仅包含已经发表的美术作品，还应当检索已注册的商标等，尽可能查找出与著作权项目相近的在先权利，分析其产生冲突的可能性，由此降低因在先权利冲突引发的著作权被撤销而带来的风险。

第四，著作权项目价值评估。首先，在风险评估方面，深入考察企业商业运作模式及项目主创团队等产品价值要素，从专业角度评估项目的风险程度和市场价值；其次，在授信方式方面，可以对企业系列文化产品集合放款，分散单个产品风险；最后，在担保机构方面，培育专业化著作权评估机构，以传统担保与著作权质押相组合的方式，保证资金安全和企业收益。

2.完善著作权质押评估机构

著作权作为一种无形资产,其作品表现形式多样,因此著作权权利形式及权利组合具有多样性。依照我国《著作权法》,作品主要囊括了9个类别,包括文学作品、口述作品和音乐作品等。和这些作品相关的著作权财产权涉及17类,如复制权、发行权和出租权等。除此之外,著作权人还有其他的财产权利可以享受。由于不同的作品类型具备各自独特的权利形式且同一作品可能又包含多种权利组合,因此著作权的权属判断和确认显得相当复杂。

评估著作权质押的主要难点在于需要仔细分析各种著作权资产的使用方式、特点、成本和收益等多种影响因素,并查找和收集行业内类似著作权资产的交易数据,谨慎分析。目前,计算机软件著作权价值评估比较常见,预计其他类型著作权评估也会随着市场交易的不断发展而诞生井喷式的需求。为了应对不断增长的社会需求,我国应当进一步规范著作权评估行为,以完善的著作权评估制度助推著作权的全面保护。除了需要加强资产评估机构资质管理之外,我国还需要增强资产评估师的专业性,对评估师执业资格的认证应当更加细致。著作权评估机构应当由资产评估师、著作权专家及相关管理机构、律师、会计师等人员组成评估组,由评估组对著作权的价值进行科学评估,提供客观的资产评估报告,并由相应的行政机关和行业协会对著作权评估机构进行考核和监督,确保其评估行为具备合理性。资产评估师在评估过程中要考虑著作权质押具有知识产权质押的复杂性、严格程序性、动态性等共性特点,对其价值评估应从成本、收益等内部因素和方法、标准等外部因素两个方面综合考量,客观分析权利预期收益的可行性和合理性。

(三)完善版权交易市场

近年来,我国已经基本形成覆盖全国的版权交易市场的布局,成立了中国版权保护中心、江苏省文化产权交易所、广西文化艺术品产权交易所、天津文化产权交易所、陕西文化产权交易所、吉林省文化产权交易所、青岛国际版权交易中心、南昌文化产权交易中心等版权交易市场。全国各地努力推进服务平台专业化、交易模式标准化、认证体系权威化和信用体系社会化的工作进程,提高著作权规模化、集约化、专业化运营水平,创新著作权服务机制、信用机制和运营机制。

例如,2017年,广东省出台了《开展新数字家庭行动推动4K电视网络应用与产业发展的若干扶持政策（2017—2020年）》，打造全国首个4K纪录片版权交易平台，率先实现了此类纪录片版权交易。在纪录片节期间征集的优质4K纪录片可以直接通过纪录片商店与170家国内外发行商进行对接。

著作权质押融资是著作权交易的一种重要形式，融资的顺利完成需要一个统一和开放的交易市场。面对企业强烈的著作权融资需求，我国版权交易市场的发展仍然存在模式保守、服务单一等问题。这些问题集中体现在：（1）版权交易平台主要设立在北京、上海、深圳等经济较发达地区；（2）版权交易平台的服务对象存有局限性，例如，国家版权交易中心推出的"影视贷"产品的服务对象仅限于公司注册地或者主要经营场所在北京的文化企业；（3）版权交易平台更多关注的是著作权转让和著作权许可使用，著作权质押融资业务开展得不多。

为了落实政府提出的"发展新型文化业态，提高文化产业规模化、集约化、专业化水平"的精神，进一步发展壮大全国著作权要素市场，提高著作权规模化、集约化、专业化运营水平，促进著作权要素资源跨界开发与文化经济发展，作者认为，我国应当积极整合各大版权交易平台资源，可以在一些省会城市筹建区域性的版权交易市场，开展更为灵活多样的融资业务，为不同类型作品的融资需求提供服务，最大限度地发挥版权交易市场的创造力和吸引力。

（四）完善著作权质押融资工作机制

在当前我国实施国家知识产权战略，大力推进知识产权质押融资的背景下，著作权质押融资制度极大地拓展了著作权价值的实现路径。尤其是影视作品、计算机软件、工程设计图等科技或创新作品用途明确，经济价值较为显著，以最新作品的著作权出质逐渐成为一种新的融资手段。版权交易平台能够汇聚版权交易资源，提供便捷的版权交易模式。因此，解决著作权质押融资问题需要从扩展版权交易市场、创新著作权融资担保方式、建立多层次的贷款风险分担和补偿机制、建立版权交易保险制度等方面入手。

1. 创新多元化著作权融资担保方式

在著作权质押融资中，实施多样化动态组合融资担保，有助于提升著作权质押融资功能，降低金融机构放贷风险，通过无形资产盘活有形资产，使创新主体迅速获得资金支持，保障后续创作研发工作的进行，实现产业良性互动和长期发展。目前，我国著作权质押融资大多采取组合方式，具体包括以下几种。

第一，将著作财产权中的多项权利组合作为质押标的物出质。著作权人为了增强融资担保能力，既可以将著作权中的某一具体权利出质，也能够以一部分或整体著作财产权出质。

第二，将著作权人的一批项目"打包"质押。这种模式在影视行业较为常见，具体的操作程序通常是以制作完毕的影视剧和正在拍摄的其他影视作品为担保，或以未来作品著作权为担保，以影视作品预售收入或票房收入为质押标的。需要指出的是，这种模式往往面向经济实力较强的公司或者需要附加其他一些担保条件。

第三，著作财产权作为一种独特的资产，可以与个人资产和信誉相结合，为著作权质押融资提供强有力的担保。这种担保方式要求法定代表人或公司高管以个人资产作为抵押，并承诺对债务承担无限连带责任。这样，一旦借款人违约，担保人就需用个人资产来偿还债务，以确保债权人的权益得到保障。这种担保方式在部分银行已经实行，如华夏银行就推出了"文创贷"这一著作权质押融资产品。

第四，出质人可以通过再担保、联合担保以及担保与保险相结合等方式进行著作权质押融资，此类联合担保可在一定程度上有效地分散著作权质押融资风险。

此外，政府可以尝试与专业担保公司合作，成立著作权质押风险担保基金，并对金融机构提供一定的风险补偿。

2. 建立多层次贷款风险分担和补偿机制

文化企业资金回报期长、产品投产后现金流不稳定、著作权价值评估难等问题使金融机构在著作权质押融资中不得不承担较大的放贷风险，银行开展著作权质押融资业务意愿不强，致使企业著作权融资需求难以满足。因此，金融机构、担保机构、保险机构应该积极合作，建立多层次的贷款风险分担和补偿机制。

在现行体制下，可以由我国著作权主管部门主导或参与，成立文化产业担保基金和风险补偿基金。政府风险补偿基金可以通过再担保、联合担保以及担保与保险相结合等方式多渠道分散风险。文化产业担保基金可以参股、委托运作和提供风险补偿等方式支持担保机构的设立与发展，激励各类担保机构对文化产业提供融资担保。这样既可以使基金本身获得收益，帮助政府回收投资，也可以对信用度高的文化企业进行奖励，保障著作权质押融资的良性发展。

发展文化产业担保基金和风险补偿基金的目的在于实现两个目标：首先，确保基金的稳固与发展，同时积极争取更多社会资助，以推动基金规模进一步扩大；其次，改进基金与其他市场实体（如保险和担保机构）的合作方式，以探索更多风险分散的途径。现阶段，不同地区的基金通常都采用政府引导、市场化运营、共担风险并允许合理容错的方式进行构建和运营。就著作权质押融资基金的安全运营而言，基金管理机构有必要进一步加强内部管控和监督，以建立有效的风险控制体系，保障基金的安全性。以下几点可以作为具体切入点：（1）选择合理的贷款对象。考虑到基金对行业的导向作用比较明显，基金经理应该优先选取具有强大的创新研发能力、良好信誉记录的初创或成长型企业。（2）在融资方面进行适度规划，避免过度借贷。在风险补偿基金刚刚启动时，基金管理机构可以通过调整贷款的单笔金额、年度累计金额和期限等方式进行管理。（3）采用恰当的监管手段确保资金使用更加合规。为了确保资金专款专用，基金管理人需要定期向监管部门提交公司的财务报表、审计报告以及贷款资金的使用情况报告等。此外，政府应当在保证融资质量的前提下加大对著作权质押融资项目的支持力度，建立著作权质押融资工作协调机制。建立统一规范的版权交易市场，利用大数据、人工智能等技术实现信息资料的互通互联，消除交易不透明、竞争不合理的隐患，减少著作权质押融资风险，为大量金融资本、民间资本、产业资本提供高效的投资渠道。

3. 引入保险机制化解版权交易风险

文化企业大多具有轻资产、高风险的特点，文化产业的现状和金融企业的风险偏好间存在差距，利用保险的聚合效应，可以降低文化产业的风险，有利于文化产业的开发和保险覆盖率的提高。由于版权交易风险难以通过交易制度内部调整或契约安排而完全消除，因此可以通过保险机制分散版权交易风险。事实上，在美国、欧盟等发达国家，降低版权交易风险，提高贷款成功率已经成为中小企业和金融机构的共同目标，相关著作权保险制度也已经比较完善，文化企业在贷款过程中通常会有一整套保险机制予以支持。例如，美国影片在开拍前，会有几十项全方位的保险。无论是演出延误还是道具损坏，美国电影拍摄过程中所产生的各种权益损失都可以借助保险化解风险。渣打银行设有专门负责影视制作贷款的部门，并自行研发了一套文化企业融资程序，诸如剧本和故事大纲、制作预算、制作时间表、按时按预算完成项目的保证书、保险、发行合同、销售代理出示的销售评估等都是影视制作公司进行融资申请时必须提交的文件。

在我国著作权质押融资中，著作权价值的不稳定性、不转移著作权的占有、交易信息不对称等问题都会导致版权交易风险加大，而具有独特优势的保险模式介入有助于促进二级交易市场的活跃，保护著作权的经济价值。目前，我国已经开始了保险参与模式的探索，试图通过保险机制和保险服务分散版权交易风险，进而保障版权交易双方的合法权益。

文化产业的发展离不开金融产业的支持，我国应当继续加快文化与金融这两大行业合作的步伐，推动保险产品和著作权质押融资方式的创新，完善版权交易保险制度。在著作权质押融资保险产品的基础上，保险公司可以尝试开发信贷履约保证保险、质押融资保证保险、文化产品完工保证保险、著作权贸易信用保险等新的险种。将著作权融资与保险相结合，借助保险公司强大的财务实力和信用担保，降低版权交易风险，为文化金融创新提供一系列信用增进服务。

第四章 专利权的质押

专利权，是指发明创造的发明人、设计人或者其他申请人以及上述主体的合法继受人依法享有的对某项发明创造的独占使用权。本章为专利权的质押，依次介绍了专利权的主体与对象、专利权的内容、专利权的质押三个方面。

第一节 专利权的主体与对象

一、专利权的主体

专利权主体是对专利权享有权利承担义务的发明人，除中国公民外，外国人在一定条件下也可以成为专利权的主体。发明人有广义和狭义两种理解，我们在此书中使用广义的发明人含义。发明人可分为个人发明人、合作发明人、委托发明人等。在某些特殊情况下，发明人可以将专利权的申请资格转让给其他人，因此，发明人和申请人并不总是同一个人。

（一）发明人

1. 发明人（个人）

发明人，是指对于完成发明创造或者外观设计的实质性特点作出创造性贡献的人。如果该发明创造是发明或者实用新型，则为发明人；若该发明创造为外观设计，则为设计人。

在发明过程中，只有为发明作出实质贡献的人才能成为发明人，在下列情况下，相关人员不是发明人。

（1）仅提出设想或者建设性意见，但是并不发明创造具体内容的人；

（2）只负责组织工作的人；

（3）为物质条件的利用提供方便或者从事辅助性工作的人，如后勤人员、单位的领导以及提供文献资料的人都不属于发明人。

同时，从专利申请文件来看，对权利要求书中所列的技术特征作出创造性贡献的人是发明人。发明创造是事实行为，自然人无论是否具有行为能力都可以进行发明创造，如限制民事行为能力人的发明创造若符合专利法的要求，其可以成为发明人或者设计人。

发明创造分为职务发明创造和非职务发明创造，故相应的主体被分为职务发明人和非职务发明人。

职务发明创造涉及权益归属问题，具体要视情况而定。若发明是在执行单位任务或主要利用单位资源下完成，那么其申请专利的权利通常归属于单位。然而，如果发明虽在单位环境下完成，但主要是基于发明人个人的创意和独立工作，那么发明人可能保留专利申请权。因此，具体归属需根据具体情况进行权衡和判定。

根据《中华人民共和国专利法》和《中华人民共和国专利法实施细则》的规定，职务发明分为以下四种情况。

第一，在本职工作中作出的发明创造。

首先，发明人要与所在单位之间成立合法有效的劳动关系；其次，要参照工作人员的职务内容或者职务范围。在这里，研究、技术人员以及分管技术研发工作的负责人在履行职务的过程中的发明创造都是职务发明创造，当然，行政事务工作人员的发明创造不是职务发明创造。

第二，履行本单位交付的本职工作之外的任务所作出的发明创造。

单位在职人员主要职责是完成本职工作，但是在本职工作之外，有时会完成一些单位交付的本职工作以外的任务，在此过程中的发明创造也是职务发明创造，即我们不能以发明创造所属的领域与发明人所从事的专业是否相同来判断是否属于职务发明创造。

第三，退休、调离原单位后或者劳动、人事关系终止后1年内作出的，与其在原单位承担的本职工作或者原单位分配的任务有关的发明创造。

此规定有利于减少不正当竞争行为以及保护单位的无形财产，有的技术人员在即将完成重大发明创造之时，以此作为其跳槽的砝码，此时会损害原单位的利益，为了平衡双方之间的利益，法律规定离开原单位1年内作出的发明创造依然属于原单位。同时，也是因为完成发明创造是一个耗时、耗力的工作，时间周期比较长，故我们不能以发明创造是否在工作期间内完成来区分是否属于职务发明创造。

以上三种都是在执行本单位的任务所完成的发明创造，权利的归属情况为：申请专利的权利属于该单位；申请被批准后，该单位为专利权人，发明人不能通过与单位签订合同来获得专利的申请权或者在申请批准后获得专利权。

第四，执行本单位的任务或者主要是利用本单位的物质技术条件所完成的发明创造为服务发明创造。

发明人的发明创造并非源自其日常工作职责或分配的任务，而主要依赖于其单位的技术资源来实现。具体而言，这些资源包括资金、设备、器材、原材料等，这些资源在职工开发技术成果的过程中起到了至关重要的作用，是该技术成果得以形成的最重要因素。该技术成果实质性内容是在法人或者其他组织尚未公开的技术成果、阶段性技术成果基础上完成的。物质技术资源主要包括该组织所拥有的经费、装备、配件、原材料及未公开的技术数据等。若发明创造是在使用本单位技术资源的情况下完成的，并且已与单位达成协议支付使用费等相关费用，则该发明创造不被视为职务发明。

如果单位与发明人之间已经达成合同，在该合同中对申请专利和专利权的所有权作出约定，则归属权以双方约定的为准。如果没有事先达成协议，那么该发明或创造申请的权利属于单位。职务发明的专利申请权虽然属于单位，但是该发明创造凝聚了发明人的智慧和劳动，故法律赋予其一定的权利。

（1）署名权

即在该发明创造的专利文件中写明自己是发明人。

（2）获得奖励权

按照我国法律规定，被授予专利权的机构必须积极奖励职务发明创造的发明人或设计人。对于专利奖励数额的确定和奖励方式的选择，被授予专利权的单位可以与发明人协商达成，也可以按照规章制度中的规定进行。此外，所达成的约定必须符合国家有关的财务和会计制度。如果在协议或规章制度中没有规定相关条款，那么在专利权公告之后的三个月内应向发明人或设计人提供奖金。以发明专利为例，最低获得的奖金为3000元，而对于实用新型专利或外观设计专利，则最低可获得1000元的奖金。如果一个单位接受了发明人或设计人的建议并实现了创新，那么该单位获得的专利权应首先用于向这些发明人或设计人发放奖励。

（3）获得报酬权

若未与发明人就报酬方式和数额达成协议并且规章制度也未作出规定，单位或组织需在该专利权有效期内，每年从实施该项发明或实用新型专利所得的营业利润中提取不少于2%的报酬付给发明人。对于外观设计专利，必须支付不低于营业利润的0.2%作为报酬。如果没有年度结算，则可以根据上述比例，给发明人或设计人提供一次性报酬。这些都是为了确保发明人获得他们应得的报酬。如果其他单位或个人获得被授予专利权的单位的许可并实施该专利，那么需要从收取的使用费中提取不少于10%的金额，作为对发明人的报酬。

除了职务发明创造之外，非职务发明创造指的是其他具有创造性的成果。申请非职务发明创造的专利权归个人享有。

2.合作发明人

合作发明创造，是指二人以上共同为发明创造作出实质性贡献，该二人以上的主体为合作发明人。合作发明分为三种不同的情形：非职务发明、职务发明、职务发明和非职务发明的混合。

当多人合作完成一个发明创造并申请专利时，其权利归属和使用情况应当遵循规定。如果当事人之间就此达成约定，则应按约定执行。如果没有明确规定，那么涉及合作开发的各方都是共同所有者。在所有合作者均同意的情况下，方可进行专利申请权的转让、处置等。如果有一方想要转让其共同拥有的专利申请权，那么其他方有权在同等条件下优先购买这些权利。如果一方退出合作开发并放弃其对共同专利申请的权利，其他合作方可以选择单独或与其他人共同参与该专利申请。这不会改变专利的归属，但可以影响各方对该专利的使用和经济利益。一旦专利持有人放弃申请权，其他人便可自由使用该专利，且不必支付任何费用。如果其中一方与其他合作者不赞成申请专利，那么其他合作者也无法独立申请专利。另外，在专利法中还规定，如果专利申请或专利权共有人就权利行使达成协议，则该协议具有优先使用权，以协议内容为准。如果没有明确规定，该专利的共同所有人可以单独行使其权利，或以普通授权的形式授权他人行使该专利。如果一个专利被授权给他人使用，那么所有权人应该按比例分配所得到的使用费。除此之外，共有人必须协商一致，以行使共有专利申请权或专利权。

3. 委托发明人

委托发明创造是指一方单位或个人委托另一方单位或个人进行发明创造。根据合同法规定，委托发明一般是指在委托方和技术开发方签订技术开发合同的情况下，由技术开发方进行发明创造的研发工作。除非当事人另有协商，否则申请专利的权利归属于技术研发人员。如果研发人员拥有了专利权，委托人使用该专利时不用支付费用。如果有人想要转让研发人员的专利申请权，那么研发人员的委托人可以享有在相同条件下优先购买的权利。

需要注意的是，国家资助单位或者个人完成科研项目实际上是在国家与单位之间形成了委托关系，在没有约定的情况下，由此完成的发明创造的专利申请权属于单位或者个人。

（二）申请人

申请人，是指就某项发明创造依法享有向国家专利行政主管机关提出专利申请权利的人。专利申请权自发明创造完成之日起自动产生，不需要办理其他手续。

在专利申请权的归属问题上，职务发明创造的专利申请权通常归属于单位，因为这些发明创造是在执行单位任务或利用单位资源下完成的。然而，如果发明人与单位之间有明确的合同约定，那么专利申请权的归属则需依据合同条款来确定。对于非职务发明创造，其申请专利的权利则完全属于发明人本人，因为这是基于他们个人的创意和努力完成的。对于合作完成的发明创造的专利申请权的归属已在合作发明创造的部分进行了介绍，此处不再赘述。

行为人还可以依据专利申请权的继受获得申请人的资格。专利申请权是一种财产权，具有一定的财产价值，故发明人或者其所在的单位可以转让该权利，也可以依据法律的规定由合法继受人继受该权利，获得这些权利的人就是受让人。受让人分为外国人或者外国企业以及本国人或者单位。

专利法规定，中国单位或者个人向外国人、外国企业或者外国其他组织转让专利申请权或者专利权的，应当依照有关法律、行政法规的规定办理手续，此处的有关法律、行政法规特指《中华人民共和国对外贸易法》和《中华人民共和国技术进出口管理条例》，对于不同类型的技术出口规定了不同的手续：禁止出口的技术不得出口；限制出口的技术未经许可不得出口；自由出口的技术实行合同登记管理；外观设计和实用新型的专利申请权要根据所涉及的不同技术类型办理相关的手续。

若向本国人转让该权利，专利法规定，转让专利申请权或者专利权的，当事人应当订立书面合同，并向国务院专利行政部门登记，由国务院专利行政部门予以公告。专利申请权或者专利权的转让自登记之日起生效。需要注意的是，专利申请权和申请专利的权利是不同的：前者是指提出专利申请之后，作为申请人所享有的权利；后者是指向专利行政部门提出专利申请的权利。专利申请权属于自然人且其已经死亡的，由其合法继承人、受遗赠人或者遗赠扶养协议的扶养人取得；属于法人或者其他组织的，分立、合并或者其他重要事项变更的，由承担权利义务的主体享有。

（三）专利权人

专利权人，是指享有专利权的人。我们需要注意两个问题：申请人撤回专利申请或者其申请被驳回的，申请人不能成为专利权人；几个人同时申请专利权的，依在先申请原则由最先申请的人享有专利权。

（四）外国人

中国已加入《巴黎公约》，根据公约规定，成员国的公民在其他缔约国境内应享有该国法律赋予公民的所有权利和工业产权，与当地公民享有同等待遇。成员国不得以其他成员国国民在该成员国有住所或者营业所为其享有工业产权的条件，同时，非成员国国民只要在任一成员国内有住所或者真实有效的营业所，就能享有与该成员国国民同样的待遇。

二、专利权的对象

（一）发明

专利法中的发明，是指对产品、方法或者其改进所提出的新的技术方案。与我们日常生活所说的发明含义不同，只有符合以下条件才能成为专利法意义上的发明。

1. 必须是正确利用自然规律的结果

自然规律，是指自然界客观存在并能够为人们所认识的规律。要构成发明专利，应当是在正确利用自然规律的基础上提出的改造世界的一种方案，而且必须建立在正确利用客观规律的基础上，如有人想发明"永动机"就不符合发明专利的授予条件，因其违反了"能量守恒定律"。

2. 必须是一种技术方案

技术方案是对要解决的技术问题所采用的利用了自然规律的技术手段的集合，其能够解决技术问题，获得符合自然规律的技术效果。如果一种方案不是针对技术问题，也不是正确利用自然规律的结果，则其不能获得专利权。

3. 能够被稳定地反复实施

一种发明专利只有能够被稳定地实施，才能够为社会带来一定的利益，才有必要对其进行保护。

根据法律的规定，发明分为产品发明和方法发明。

产品发明，是指发明创造出的一切有形物品，包括制造品、材料以及具有新用途的产品的发明。如果仅仅是发现了自然存在的物质则只是发现而不是发明。材料发明，是指以任何方法所取得的两种或者两种以上元素的合成物或者化合物；具有新用途的产品发明，是指经过研究发现已知物质的未被人类发现的用途。

方法发明，是指发明人所提供的一种技术解决方法，最终表现是为实现某种技术效果的程序或者步骤。但是非技术性质的方法，如计算方法等不属于方法发明的范围。

（二）实用新型

实用新型，是指对产品的形状、构造或其结合所提出的适于实用的新的技术方案。

构成实用新型必须满足以下条件。

第一，实用新型涉及的对象为某种产品。

这一特征包含两层意思：实用新型必须是一种产品，该产品必须具有确定的形状、构造或者二者的结合。但是，根据专利法规定，虽然有固定形状但是不能移动的产品，不能构成专利权的客体。

第二，具有一定的创新性。

创新性，是指该实用新型是一种新的技术方案，不属于现有的技术方案，与现有技术方案相比具有创造性，但是创造性程度低于发明，故也被称作"小发明"。

第三，具有直接的实用价值。

实用性，是指该实用新型不仅可以实施，还可以用工业生产的方法再现，故单纯具有视觉上的美感而不具有技术上的特征，不能构成实用新型的客体。

应注意不要将实用新型和产品发明相混淆，实用新型与产品发明相比的主要特点为：实用新型限定于有形产品、专利要求程度低、受保护期限短、审批程序简单等。

（三）外观设计

外观设计，是指对产品的形状、图案或者其结合以及色彩与形状、图案的结合所作出的富有美感并适于工业应用的新设计。

外观设计具有以下特征。

第一，外观设计是针对工业产品外观的新设计。

该外观设计能应用于工业生产过程中并且能够大量复制生产。新设计是指不属于现有的设计，在专利申请日之前也没有相同的设计申请。

需要注意的是以下几点。

（1）只有工业产品上的形状、图案或者与色彩等的结合才能构成专利法意义上的外观设计，单纯的形状、图案以及色彩等的结合不能构成外观设计，只可能构成著作权意义上的作品。

（2）外观设计是针对产品的整体设计而言，不能分割或者不能单独出售的且不能单独使用的部分不能构成外观设计。

（3）我国法律已经允许对"包括图形用户界面的产品外观设计"授予专利权。

第二，外观设计是对产品的外表所做的设计。

外观设计必须以产品外表为依托，设计图如果没有与产品相结合就不是专利法意义上的外观设计。但这并不意味着产品本身就是外观设计，产品的外在形状、色彩等也能成为外观设计，因此外观设计又被称为工业产品的外观设计。

第三，构成外观设计的是产品的形状、图案或者其结合以及色彩与形状、图案的结合。

第四，外观设计必须具有美感。

外观设计是为了满足人们对于产品在视觉等方面的需求，吸引潜在的买主，增强产品在市场的竞争力,故要求其能给大众带来美的享受,但因个人对于富有美感的标准不同,因此一般消费者认为其有美感就符合该要求。

(四)专利法不予保护的对象

一般来说,符合专利法规定的条件即可获得专利法的保护,但是有些客体虽然属于发明创造,但按照法律规定也不能给予其法律保护。

专利法明确规定了法律不予保护的几种情形。

1. 违反法律、社会公德或者妨害公共利益的发明创造

违反法律的发明创造,是指违反全国人民代表大会及其常委会制定和颁布的法律的发明创造。此处法律的范围不包括行政法规和规章,若一项发明创造本身与国家法律相违背,自然不能被授予专利权,如用于赌博的工具。但是有些发明创造本身的目的并没有违反法律,而是被不当使用,这些则不属于此种情况。如以医疗为目的的麻醉品和以娱乐为目的的物品可以申请专利,受到专利法的保护。

违反社会公德,是指违反公众普遍认为是正当的并且已经接受的伦理道德,如果发明创造在客观上与社会公德相违背,则不授予其专利权,如带有暴力凶杀或者淫秽图片的外观设计。

妨害公共利益的发明创造通常指的是那些实施或使用会给公众或社会带来损害的发明。例如,如果某项发明在实施过程中会严重污染环境或破坏生态环境,那么出于保护公共利益和社会可持续发展的考虑,这样的发明创造通常不会被授予专利权。但是对于那些因被滥用而损害公共利益的发明创造,我们要区别对待,如对人体有副作用的药品、残留量高的农药以及放射性诊断疾病的设备,都不能被认定为妨害公共利益的发明创造。

2. 违反法律、行政法规的规定获取或者利用遗传资源,并依赖该遗传资源完成的发明创造

专利法所称的遗传资源,是指取自人体、动物、植物或者微生物等含有遗传功能单位并具有实际或者潜在价值的材料。对于遗传资源的收集、保存、开发、利用等,不仅有利于它们自身的生存,而且可以产生一定的商业价值。但是如果行为人采取非法方式获得或者利用遗传资源,不仅会造成遗传资源的破坏,还会损害遗传资源权利人的合法利益。我国是批准加入《生物多样性公约》最早的国家之一,故专利法增加了对遗传资源的保护。

3. 专利法规定的不被授予专利权的客体

（1）科学发现

科学发现可以理解为在科学领域发现并描述物质、现象、变化过程的特征、规律等，以揭示自然界中客观存在的真相。科学发现只是对自然界认知的概述，它并不是通过可用的技术方案来改变客观世界的。由于不满足专利法中的实用性要求，因此无法被授予专利权。然而，基于这一发现开发出来的新型材料和制造工艺却能够获得专利权。

（2）智力活动的规则和方法

智力活动的规则和方法，是指人们进行思维、推理和判断的一种规则和方法。它不是利用自然规律的过程，也不能设计或者制造出某种产品，不具有实用性。专利法保护的是人类智力活动的成果，而不是智力活动本身，也不是指导智力活动的规则和方法，因此智力活动的规则和方法不能成为专利权的客体。

（3）疾病的诊断和治疗方法

疾病的诊断和治疗方法，是指确定或者消除有生命的人体或者动物体病灶及病因的步骤过程。因其实施的对象为有生命的人或者动物，不能在工业上应用，不具备实用性，故不是专利法所指的发明。而且出于人道主义的考虑，医生在诊断和治疗的过程中有选择不同方法的自由，因此，对其不授予专利权。但是，法律仅规定疾病诊断和治疗方法不能被授予专利权。对于为诊断和治疗而发明的各种仪器、器械设备等都可以被授予专利权。对于血液、毛发等脱离了人体或动物体的物质进行化验的方法都可以成为专利法的客体。

（4）动物和植物品种

对于该问题，世界各国有不同的规定。TRIPs 允许成员国拒绝对植物和动物（微生物除外）以及生产植物和动物的生物方法（非生物方法和微生物方法除外）授予专利权，但是要求成员国通过专利或者其他特殊保护制度保护植物品种。因此，《专利审查指南》将通过基因工程制造的转基因动物和植物排除在专利法保护之外，我们主要通过《中华人民共和国植物新品种保护条例》对植物品种提供类似的保护。

（5）用原子核变换方法获得的物质

用原子核变换方法获得的物质，是指通过核裂变或者核聚变的方法而制造的元素或者化合物。这些元素和化合物不能获得专利权，同样，原子核变换方法也无法被授予专利权。但是各种设备和仪器以及粒子加速方法，只要它们被用于实现核变换，都可以获得专利权。

（6）对平面印刷品的图案、色彩或者二者的结合作出的主要起标识作用的设计

这些印刷品通常用于包装商品或贴在其他产品上。只要这些印刷品的设计，包括图案、色彩或者两者搭配，旨在用于商标识别，就可以申请商标注册。即使未注册为商标，只要通过使用能够起到识别商品来源的作用，如果未经他人许可使用，导致消费者混淆的，则由反不正当竞争法保护，故不需要专利法对其进行保护。

但是需要注意的是，尽管窗帘、床单等也是印刷品，但是不属于平面印刷品。纺织品的花色或者图案只要不是主要起标识作用的，都可以受到专利法的保护。

第二节 专利权的内容

专利权主体在享有专利权的同时也要承担一定的义务，如按照规定缴纳年费、不得滥用专利权等。在行使专利权时也要受到一定的限制，具体包括法律规定的几种不视为侵犯专利权的情况和强制许可。

专利权的内容，是指专利权人依法享有的权利和应承担的义务。

一、专利权人的权利

专利权是一种财产权，不具有人身权的内容。但是，专利法规定，发明人或者设计人有权在专利文件中写明自己是发明人或者设计人。这项专利权随着发明创造的完成而产生。发明人或者设计人的前述权利是与专利权平行的权利。

按照专利法的条例，专利权包括以下权利：在产品专利方面，专利持有人可以独占性地制造、使用、销售和进口专利产品。这些权利都属于专利持有人独有，其他人未经授权不得侵犯。在方法专利方面，专利持有人享有对专利方法的独占使用权，这包括对利用该专利方法直接生产的产品的唯一使用、销售和进口等权

利。一旦外观设计专利权被授予，任何个人或机构未经许可都不能复制专利产品的外观设计，包括生产、销售、进口和宣传。

专利产品，是指包含了权利要求书中独立权利要求记载的全部技术特征的产品，并不一定是与专利权人制造的产品相同的产品。例如，对于某发明专利来说，其权利要求书中独立要求记载的技术特征为 A 和 B，如果一种产品包含了 A、B、C 三项技术特征或者更多的技术特征，则都是专利产品，即只要包含了独立记载的技术特征的都构成专利产品。

（一）制造权

制造权是指专利权人独享专利产品的制造权，可以通过该权利阻止他人未经许可制造与专利产品类似或相同的产品。若未经专利权人许可，任何单位和个人禁止制造专利产品，除非法律有特别规定。如果违反此规定，则构成专利权侵犯。此处的"法律另有规定"主要是指强制许可、不视为侵犯专利权的情况等。但是，专利权人可以自己依法实施专利权，也可以在一定范围内许可他人使用并获得一定的报酬。

（二）使用权

使用权，是指专利权人依法享有的使用专利产品或者专利方法以及依照专利方法直接获得的产品的专有权。一般情况下，专利权人自己销售或者授权他人销售专利产品，即表明权利人已经许可购买者使用该专利产品，但是，如果有人擅自制造专利产品或者擅自销售该专利产品，购买者为生产经营目的使用该专利产品即构成侵权。因专利权侵权也是无过错责任，只要行为人实施了侵权的客观行为就应为其行为承担侵权责任。

（三）许诺销售权

根据《最高人民法院审理专利纠纷案件适用法律问题的若干规定》，许诺销售是一种表明出售商品意愿的方式，可以通过展示广告、在商店橱窗中陈列或在展销会上展出等形式实现。因此，即使没有实际销售行为，仅仅出于促销或展示目的进行的广告宣传或展示，也会对他人的专利权造成侵犯。在实际应用中，许诺销售行为可以通过口头、书面等方式向特定或非特定对象明确表示愿意出售专利产品的意愿。需要注意的是，该行为是直接侵权行为，不是间接侵权行为。

（四）销售权

销售权，是指权利人依法享有的独自销售专利产品或者依照专利方法直接获得产品的权利。需要注意的是，此种销售仅指所有权的第一次转移，即专利权人自己销售或者允许他人销售专利产品后，购买者可以不经任何人的许可再次对该专利产品进行转售。但是如果该专利产品是未经权利人许可制造的，则第一次销售该产品的行为是侵权行为，且其后的购买者无论是否知道前售为侵权行为，其之后的转售行为都是侵权行为。

（五）进口权

进口权，是指除法律另有规定外，专利权人享有依法进口其专利产品的权利。进口权包括以下两方面的内容：（1）专利权人有权自己进口专利产品；（2）专利权人有权禁止他人进口专利产品。

专利法对进口权作出了较为详细的规定，在没有特殊规定的情况下，发明或者实用新型一旦被授予了专利权，如果专利权人没有授权，其他人或者组织不能实施相关的专利权。依照专利法中的规定，在制造、使用、销售和进口专利权方面，必须取得相关许可才能实施。不仅如此，如果想使用该专利方法来制造、使用、许诺销售、销售、进口产品，同样也必须获得授权，否则不允许直接使用该方法来制造相应的产品。一旦获得了外观设计专利权，未经许可，任何个人或组织都不能使用该专利。换句话说，禁止因生产经营需要而制造、许诺销售、销售或进口任何侵犯该专利的产品。在进口货物中，包括受专利保护的商品、通过使用专利方法直接获得的商品，以及外观设计受专利保护的商品。

二、专利权人的义务

专利权的内容还包括专利权人应履行的一定的义务，主要包括以下内容。

（一）缴纳专利年费

缴纳专利年费，是指专利权人应按照专利法的规定在专利有效期内向专利局缴纳费用的义务。专利法规定，专利权人应当自被授予专利权的当年开始缴纳年费。

国务院定价管理部门、财政部以及国务院专利行政部门合作制定各种费用的缴纳标准。

缴纳费用的方式为以下几种。

（1）支付费用的方式包括直接向国务院专利行政部门缴纳、邮局或银行汇款，或按国务院专利行政部门规定的其他方式支付费用。

（2）邮局或银行汇付的费用必须在汇单上正确注明申请号或专利号，同时也要注明缴纳的费用名称，以便交由国务院专利行政部门处理。如果缴纳方式不符合上述规定的话，将被视为没有完成缴费手续。

由于缴费方式的多样化和缴费日起算点的差异，如果直接向国务院专利行政部门缴纳费用，那么缴费日将以缴纳当日为准；如果使用邮局汇付缴纳费用，将以邮局汇出时邮戳上的日期作为缴费日。对于使用银行汇款方式支付费用的用户而言，缴费日以银行实际汇款日期为准。自缴专利费用后的三年内，如果出现多缴、重缴或错缴的情况，申请人可向国务院专利行政部门提出退款申请，该部门会依法依规将相应费用退回。

在上一年度结束之前，应当缴纳年费。在专利权所有者未按照规定支付或支付不足年费时，国家专利管理部门将提醒专利权所有者，要求其在规定的缴纳期限到期后的六个月内补缴年费，并缴纳相应的滞纳金。每逾期一个月缴费，就要按照当年全额年费的5%增加相应的滞纳金。如果在应缴纳年费期满后未完成缴纳，专利权将自动终止。

如果申请人没有在规定的时间内缴纳申请费和必要的申请附加费，那么根据不同情况，会有不同的结果。

（1）申请人应当自申请日起2个月内或者在收到受理通知书之日起15日内缴纳申请费，公布印刷费和必要的申请附加费；期满未缴纳或者未缴足的，其申请视为撤回。

（2）申请人要求优先权的，应当在缴纳申请费的同时缴纳优先权要求费，期满未缴或者未缴足的，视为未要求优先权。

（3）当事人请求实质审查或者复审的，应当在专利法及本细则规定的相关期限内缴纳费用；期满未缴纳或者未缴足的视为未提出请求。

（4）申请人办理登记手续时，应当缴纳授予专利权当年的年费；期满未缴纳或者未缴足的，视为未办理登记手续。

（5）恢复权利请求费应当在本细则规定的相关期限内缴纳；期满未缴纳或

者未缴足的，视为未提出请求。延长期限请求费应当在相应期限届满之日前缴纳；期满未缴纳或者未缴足的，视为未提出请求。著录事项变更费、专利权报告请求费、无效宣告请求费应当自提出请求之日起1个月内缴纳；期满未缴纳或者未缴足的，视为未提出请求。

（二）不得滥用专利权

专利权是一种绝对权，除权利人以外的任何人不得侵犯其权利的行使。但是权利人也必须在法定范围内正确行使权利，不得利用专利权实施损害国家利益、社会和他人合法权益的行为，如非法垄断、妨碍技术进步等，此种行为为法律所禁止。

三、专利权的限制

为防止专利权的滥用，法律对于专利权人行使专利权作出了一定的限制，主要包括：不视为侵犯专利权的行为和强制许可。

（一）不视为侵犯专利权行为的情形

1.专利权用尽后的使用、许诺销售、销售、进口

专利权用尽后的使用、许诺销售、销售、进口，是指专利产品或者依照专利方法直接获得的产品，由专利权人或者经其许可的单位、个人售出后，使用、许诺销售、销售、进口该产品的。专利权用尽与著作权中的发行权用尽是相同的原理：无论是专利权人自己合法制造还是授权他人合法制造的专利产品售出后，其权利视为用尽，其他人对于该产品的转售、批发、使用等无须再得到权利人的授权。需要注意的是，有两种情形可以导致专利权用尽：专利权人许可将专利产品投放市场和他人在专利权人的许可下进行合法的制造、出售专利产品。

2.先用权人的制造和使用

先用权人的制造和使用指的是这样的一种情况：在专利申请日前已经制造相同产品、使用相同方法或者已经作好制造、使用的必要准备，并且仅在原有范围内继续制造、使用的。在这种情况下，权利人可以保持原有的制造和使用流程，这不涉及侵犯他人的专利权。

注意构成该情形的条件，如下所述。

（1）享有先用权的人所使用的技术必须是自己研究完成或者通过其他合法途径获得的，而且该权利人不能是专利权人的某种特定关系人。

（2）先用权人在该专利的申请日以前就在实施该发明创造，或者已经做好实施的必要准备。

根据《最高人民法院审理侵犯专利权纠纷案件的法律若干问题解释》所述，在以下情形下，可以视为已准备好制造和使用专利发明：一是已完成必要的主要技术图纸或者工艺文件，使专利实施成为可能；二是已采取实质性措施，为在商业上制造和使用该专利产品做好准备，已经准备好生产或实施发明创造所需的主要设备或原材料。

（3）先用权人只能在原有范围内继续实施该发明创造，即在原有的实施方式、实施范围和原有的生产规模下继续实施，不得扩大适用范围和实施规模。

（4）先用权人只能自己实施该权利，不得转让或者许可他人使用，因先用权不是一项完整的权利，其不能成为合同转让的唯一标的，也不能作为许可贸易的对象。

需要注意的是，"先用"仅指以非公开的方式进行使用，如果属于公开实施的发明创造，则该发明创造就丧失了新颖性。

3. 临时过境的外国运输工具运行中的使用

临时过境的外国运输工具运行中的使用是一种比较特殊的情况，具体指的是临时通过中国领陆、领水、领空的外国运输工具，依照其所属国同中国签订的协议或者共同参加的国际条约，或者依照互惠原则，为运输工具自身需要而在其装置和设备中使用有关专利的。

关于本规定的适用情况，需要注意以下几个方面。

（1）只适用于临时进入中国领陆、领水、领空的运输工具，包括定期的和不定期的，但是长期在中国境内的外国运输工具不适用该规定。

（2）只适用于与中国有条约或互惠关系的国家的运输工具。

（3）仅限于运输工具自身的运行装置和设备中使用中国的专利产品或者专利方法，而且仅限于以使用的方式利用发明创造，不包括运输、制造或进口专利产品。

4. 非生产经营目的的使用

非生产经营目的的使用，是指专为科学研究和实验而使用有关专利的，其中需要注意的是以下几点。

（1）专为科学研究和实验而使用有关专利，是指仅将专利产品或者专利方法作为科学研究和实验对象加以使用，在科学研究和实验中涉及的发明创造则不属于该情形，同时，将专利产品或者方法作为科学研究和实验的手段或工具的并不属于该情形。

（2）对发明创造的利用方式仅限于使用，即对专利产品和专利方法的使用，但是不包括专利产品的制造、销售、进口等利用方式。

5.为提供行政审批所需要的信息，制造、使用、进口专利药品或者专利医疗器械的，以及专门为其制造、进口专利药品或者专利医疗器械的

为提供行政审批所需要的信息，制造、使用、进口专利药品或者专利医疗器械的，以及专门为其制造、进口专利药品或者专利医疗器械的，不属于侵犯专利权的行为。该制度是中国借鉴美国的结果，也被称为安全港条款。药品专利权和医疗器械专利权过保护期之后，任何人都可以自由仿造，也不需要支付专利许可费，但是法律对于这两种产品的上市有严格的限制，需要经过一系列实验、向主管部门提交相关信息、待批准等步骤，才可以销售。若等到专利权保护期限届满才进行实验则会导致专利保护期的变相延长，若提前制造专利产品或者医疗器械则可能会构成侵权，故根据美国的"罗氏公司诉Bolar制药公司药品专利侵权案"，我国法律进行了例外规定。

6.善意第三人赔偿责任的免除

根据专利法规定，为生产经营目的使用、许诺销售或者销售不知道是未经专利权人许可而制造并售出的专利侵权产品，能证明该产品合法来源的，不承担赔偿责任，即善意侵权。所谓"不知道是未经专利权人许可"是指善意第三人在使用或者销售专利产品时主观上不存在侵犯专利权人专利权的故意和过失。

理解该问题时，需要注意以下两个问题。

（1）善意第三人在行为时主观上是善意。

（2）使用人负有免除责任的举证义务，即使用人要能够证明产品的合法来源，实践中常见的是利用买卖合同或者购物发票等来证明产品的来源合法。

（二）强制许可

强制许可是一种实施专利的许可，主要是为了限制权利人滥用专利权。

强制许可可以理解为不需要考虑专利权人是否许可应用专利权，国家主管机

105

关可以通过行政手段进行强制许可，使第三人能够应用专利权的发明创造或者实用新型。

专利法规定的强制许可的类型有以下几种。

1. 普通强制许可

根据专利法规定，专利权人自专利权被授予之日起满三年，且自提出专利申请之日起满四年，无正当理由未实施或者为充分实施其专利的，国务院专利行政部门可以在综合考虑的基础上对专利进行强制许可，允许个人或单位使用发明专利或者是实用新型专利。

普通强制许可的条件是以下几点。

（1）必须是专利权授予满3年，同时在提交专利申请之日起满4年，达到时间要求。

（2）执行要求：未能充分或未能有合理理由进行充分的实施。"未充分实施"意味着专利所有人及其许可方并未在国内以足够的规模或方式实施专利，从而无法满足国内对该专利产品或方法的需求。

（3）实施对象：仅限于发明专利和实用新型两种，不包括外观设计。

（4）申请主体条件：首先该主体必须具备实施该专利的条件，包括物质上的和经济技术方面的条件；其次还需要其与专利权人进行过实施专利许可的谈判，并且在合理时间内未达成协议，申请人要向专利主管部门提供以上证据。

2. 为防止垄断的强制许可

专利法对影响市场良性竞争、可能产生垄断的专利作出了细致规定，针对这类专利，国家专利行政部门在综合考虑的基础上可以进行强制许可，允许个人或单位实施发明专利或者实用新型专利。垄断行为对于社会发展是不利的，此种强制许可可以限制其垄断行为。反垄断法规定，经营者滥用知识产权，排除、限制竞争的行为，适用反垄断法。同时 TRIPs 也进行了规定，各成员在其立法中可以明确规定在特定情况下可构成对知识产权的滥用并对相关市场中的竞争产生不利影响的许可活动或条件，并可按照该成员国的有关法律法规，采取适当的措施以防止或控制此类活动，故中国的专利法也作了如上规定。

3. 为公共利益的强制许可

依据专利法规定，在国家出现紧急状态或者非常情况时，或者为了公共利益的目的，国务院专利行政部门可以给予实施发明专利或实用新型专利的强制许可。

按照以上规则，此种授权将在以下三种情况下实施：当国家面临紧急状态，例如战争爆发时；在意外情况下，例如突发事件；出于社会公益。通常情况下，对于专利的强制授权都不涉及商业用途。如果取消强制许可的理由消失或不再存在，国家专利管理机构可以根据专利权人的请求审议此情况并终止强制许可的实施。

有一点需要注意：如果涉及半导体技术的发明创造，且其实施被认定为具有垄断地位且限制了公共利益，那么就可能会采取强制许可。只有在以下情况下，半导体技术的强制许可才被允许：在法定期限内，专利持有人没有正当理由未能或未充分地实施其专利。

4. 为公共健康的强制许可

专利法对专利权强制许可的规定还包括这样的情况：为了公共健康的目的，对取得专利权的药品，国务院专利行政部门可以给予制造并将其出口到符合中华人民共和国参加的有关国际条约规定的国家或者地区的强制许可。专利药品指为改善人们的健康而生产的药物，包括使用专利成分或利用专利方法生产的药物以及生产药物所需的活性成分，另外还包括用于诊断的相关设备。

此规定打破了 TRIPs 关于强制许可只能用于供应国内市场需要的限制性规定，允许将药品出口至缺乏制药能力或制药能力不足的发展中国家和最不发达国家，以解决当地的健康问题。

5. 交叉强制许可

交叉强制许可，也被称为"从属专利的强制许可"，是指一项取得专利权的发明或者实用新型比前已取得专利权的发明或者实用新型具有显著经济意义的重大技术进步，其实施又有赖于前一发明或者实用新型的实施的，国务院专利行政部门根据后一专利人的申请，可以给予实施前一发明或者适应新型的强制许可。依据上述规定，一旦符合实施强制许可的要求，国家专利行政部门可以同意之前专利权所有者的申请，允许其实施后续的发明或实用新型。

实施交叉强制许可必须具备以下条件。

（1）必须有两个已经取得专利权的发明或者实用新型，并且后一发明或者实用新型更先进。

（2）后一发明或实用新型在技术上依赖于前者，不实施前者，后者无法实施。

（3）后一权利人曾就该许可事项与前一权利人进行协商，但是双方之间未达成专利许可合意。

（4）申请的主体是后一专利权人。

如果专利权人对国家知识产权局进行强制许可的决定不满意，强制许可的单位或个人认为专利权授权费用决定不公正，他们可以在三个月内向法院提起诉讼。这意味着专利权人和授权人都有权要求法院重新审视判决。

（三）强制许可的其他问题

1. 审批

国务院专利行政部门受理强制许可的有关事项。

根据之前提到的规定，假如申请人需要获得强制许可，就需要向国务院专利行政部门提交强制许可请求书，并同时附上恰当的解释和相关的证明文件。

（1）当涉及一般的强制许可时，国家专利行政机构必须向专利权人发出强制许可请求书的副本，专利权人需在规定期限内提出意见。国务院专利行政部门可以在期满后未收到答复的情况下仍作出决定，不受影响。在作出拒绝或授予强制许可请求的决定之前，国务院专利行政部门需要将拟作出的决定及其理由告知请求人和专利权人。

（2）在实施强制许可的过程中，国务院专利行政部门必须严格遵守涉及中国参与的相关国际条约规定。如果要为了解决公共健康问题而实施强制许可，必须遵守相关条款。

2. 实施范围

对于产品专利，强制许可的实施方式为制造、使用、销售或者进口专利产品中的一项或者多项；对于方法专利，强制许可的方式可以是使用专利方法，也可以是使用、销售或者进口该专利方法直接获得的专利产品。

3. 费用

根据专利法规定，取得实施强制许可的单位或者个人应当付给专利权人合理的使用费。此外，还需要根据中国参与相关国际协议的规定来处理使用费用的事宜。双方将协商决定具体的使用费用数目。如果双方无法达成共识，国务院专利行政机构会作出决定。按程序要求，当事方必须递交裁决请求书和相关证明文件，以证明双方未达成协议。在此基础上，国务院专利行政部门需要在三个月内对请求进行裁决，并及时告知当事方。

4.国家指定许可

按照专利法的规定，国有企业和事业单位的发明专利，对国家利益或公共利益具有重大意义的，国务院有关主管部门和省、自治区、直辖市人民政府报经国务院批准，可以决定在批准的范围内推广应用，允许指定的单位实施，由实施单位按照国家规定向专利权人支付使用费。这个许可条款只适用于中国国内单位和个人拥有的专利，并不适用于外国在中国境内持有的专利，包括外国个人、企业及其他组织拥有的专利。

第三节　专利权的质押

一、专利权质押概述

（一）专利权质押的历史沿革

1.专利权质押的来源

随着我国民法体系的不断完善，担保制度日趋成熟，同时也促进了专利质押制度的建立。专利质押并非现代文明的产物，而是在古代就已经出现并逐渐发展。考虑到当时的社会背景，这种发展具有深刻的历史意义。自古以来就有担保借款人按时偿还债务的需求，为此，在古罗马时代，人们发明了专利权质押的方式，采用信托质押等实际操作手段来确保债务得到履行。

鉴于当时的社会背景，我们必须承认这一制度具有许多优点，因为它能够有效地缓解债务的负面影响。虽然这种信托方式有其独特的优点，但也存在一些不足之处，如程序繁琐、未能完全反映抵押财产的真实价值和作用，以及未能平等保护债务人双方的权益。在古罗马时期，还出现了质权这种担保方式。通常来说，质押权可以通过抵押或者质押的方式予以实施。这两者最主要的区别在于是否需要支付利息。在罗马法中，动产和不动产没有被严格区分，都可以作为质押品，因此这些财产都可以被用作担保。随着我国实施抵押权登记制度，现在已经将质押和抵押进行了区分，各自拥有独立的管理制度。我国已经推行了不动产抵押政策，也建立起了现代化的抵押制度。

随着我国民法体系逐步完备，我们也逐渐建立了健全的担保制度，同时推动了专利质押制度的设立。1900年，德国通过《德国民法典》对权利质权进行了明确界定，并规定了权利质权的标的物仅限于可转让的财产权。专利权可以被转让，因此也称为信托质押。信托质押是指信托方通过购买或放弃信托财产的方式，将财产所有权转让给受托方。在双方达成一致并签订信托合同后，彼此的权利和义务得到明确。随后，信托方将要求归还所有信托物的所有权以偿还受托人的债务。

质权可以理解为债权人为保障自己的债权能够得到充分实现，所享有的对抵押财产的留置权。当债务人未能按时偿还债务时，债权人有权以抵押品出售的方式来满足其应得的债权。随着经济持续增长，越来越多的国家开始认识到知识产权质押制度的重要性。所有国家都通过法律将知识产权的重要地位确定下来，确保知识产权拥有者享有相应的权利并承担相应的责任。

2. 我国专利权质押的沿革及现状

在中国，自古以来就存在质押制度，其中包括人身质押和物品质押。在汉代时期，已经有质权的相关记录存在。在宋朝时期，当铺和典铺都是一种以物品质量为基础经营的商铺。在清朝时期，各种高额贷款开始流行起来。实际上，在宋代时期已经有抵押权这一概念，但是它的使用非常有限。清朝晚期引入的"担保制度"未能得到理想地执行，因此这种制度的发展进程受到了较大阻碍。中华人民共和国成立之后，我国仍然采用了"抵押"和"保证金"的制度来管理一些经济领域。自我国改革开放以来，我们制定并实施了《经济合同法》。该法首次对"担保"和"留置"进行了法律界定和规范。要注意的是，我国的专利质押制度是在《担保法》发布后才正式建立起来的。

1995年，中国颁布了《中华人民共和国担保法》，其中包括了与知识产权质押相关的条款，这是第一次涉及这方面的规定。这些条款将知识产权质押规范化并纳入了法律范畴。在随后的1996年和1997年，还颁布了多项行政法规，这些法规的实施推动了法律制度的深入发展。之后，我们国家开始注重实践，并持续不断地进行探索。1996年至2006年期间，出现了一种名为无形资产抵押融资的金融新模式。在过去的十年中，我国专利质押融资规模很小，总规模不超过50

亿元。自 2006 年以来，国家开始越来越注重知识产权金融，这是为了推动国家更为积极地自主创新。为了增加对中小企业的保障，我们正在尝试使用新的、多样化的担保方式。在这段时间中，各大金融机构也积极采取措施，推广这种业务。2006 年 10 月，北京成功地创造了首个以专利作为抵押品获得贷款的案例。自 2008 年起，国家知识产权局在得到各方积极支持的基础上，不断扩大试点范围。到现在为止，已经在 20 多个地方进行了实验性项目的推进。近年来，在我国，专利权质押融资的收益不断增加，引起了广泛瞩目并获得赞扬。2009 年至 2015 年间，专利抵押额迅猛增长，增长率达到 92.9%。然而，以抵押专利获得运营总额并非主要方法，仅占比约为 2% 至 6% 左右。这是因为该业务风险较高，因此大规模的专利抵押不太常见。

  自 2002 年以来，我国已经批准了超过十万件专利，但只有 26 家企业选择了对专利进行抵押。2003 年，已经有 14 万份专利被授予专利权，但只有 60 家公司将此作为质押品进行了使用。虽然在 2007 年，专利授权数量已经达到了 30 万，但只有不到 100 家企业进行了专利权质押。这说明在那个时候，人们对于专利质押并没有普遍接受。2017 年，我国申请专利总数达到 138.2 万件，专利质押融资总额达到 720 亿元，然而实际获得专利权质押的仅有 4177 件。中国律师网报道称，2018 年我国共有 5408 个专利质押项目得到实施，所涉及的质押融资总额高达 885 亿元[1]。在随后的 2019 年，这些指标分别提高到了 7060 个项目和 1105 亿元[2]。根据相关数据，截至 2020 年 2 月 19 日，我国在专利抵押融资领域增长速度达到了"十三五"规划期间的最高水平。2020 年，我国的发明专利获批量达到 53 万份。数据显示，截至 2023 年底，我国发明专利有效量为 499.1 万件，其中国内（不含港澳台）发明专利有效量为 401.5 万件，每万人口高价值发明专利拥有量达 11.8 个；截至 2023 年底，我国有效商标注册量为 4614.6 万件，累计批准地理标志产品 2508 个，集成电路布图设计累计发证 7.2 万件。[3]

---

[1] 中国法学会.中国法治建设年度报告（2018 年）——关于知识产权保护[EB/OL].（2019-11-14）[2024-01-19].https://www.chinalaw.org.cn/index.php/portal/article/index/id/27174/cid/69.html.

[2] 中国律师网.从专利质押谈专利质量与价值[EB/OL].（2020-03-30）[2024-01-19].http://www.acla.org.cn/article/page/detailById/28170.

[3] 国家知识产权局.知识产权数据映射经济活力 国内有效发明专利数再创新高[EB/OL].（2024-01-18）[2024-01-19].https://www.cnipa.gov.cn/art/2024/1/18/art_55_189844.html.

自 2017 年开始，我国专利质押项目逐年增加，这表明越来越多的人开始将专利权作为担保来使用。这项措施有助于企业获得资金，并推动其发展和扩大规模。我国专利质押融资金额在过去十年间有了明显的增加。2020 年疫情期间，政府趋向于改善营商环境并推进知识产权产业的发展。为此，颁布了新政策，使得专利权质押金额有显著增长。2023 年我国知识产权事业发展势头良好，知识产权专利转化运用加速推进，支撑产业效能快速提升。

（二）不同种类质押的比较

动产质押是一种常见的质押方式，广为人知且被广泛使用。尽管其他国家对动产质押的法律作了详细的规定，但是对于权利质权却经常忽略。通常情况下，解决这种问题时，我们会参考动产质权法律条款，因为即使在《民法典》颁布后，这一规定仍然有效。我国的社会和经济正蓬勃发展，这也导致人们对权利和财产权的重视程度越来越高，此时应该进行更深入的改革，以便进一步完善权利质权的法律框架，而不仅是简单地运用动产质权法规。当涉及设定质权时，需要充分考虑专利权与其他权利之间的差异，因为专利权具有独特的本质。因此，在解读专利权质押时，有必要将权利质权和动产质权加以区分，例如本票、汇票、债券等财产的质押，以及其他权利质押。

专利权质押是一种担保方式，指质押人以其拥有的专利权为抵押物，为债务人或他人提供担保，确保债权人能够及时获得其应得的债权利益。这种担保方式使用专利权作为抵押物，使得债权人在债务人发生违约行为时可以得到及时的赔偿。质押专利权是为了获取融资，创业公司或发明家可以利用他们拥有的专利权作为质押物，获得银行、投资机构或债权人的资金支持。这种方式比传统的贷款方式更加有优势，因为质押的专利权可以作为社交借贷上的信用。这种方法也为创新提供了一种激励机制，使创业公司或发明家能够更有动力创新和发明。根据以上对定义的描述可以得知，专利质押的主要目的是保障债权得到兑现，因而其目的较为简单。尽管专利权质押和动产质押之间存在明显差异，但普遍认为，权利质押是建立在动产质押的基础上的，这是传统理论的观点。此事不仅在中国，许多其他国家也有法规规定，通常在权利质押案例中适用相关的动产质权条款。

尽管动产质权和权利质押的标的均针对有价值的财产进行，但它们在法律上适用的方式存在显著区别。随着知识产权质押的普及，人们越来越认识到相关法律法规的滞后。要进行规范的专利权质押，需要先了解专利权质押、动产质押和其他权利质押之间的不同，并针对性地采取措施，如表4-3-1所示。

表4-3-1　专利权质押与动产质押，其他权利质押的区别

质权	质押融资标的物的特点	质权实现的风险	转移占有方式
专利权质押	无形性；标的物转化价值	较大	观念转移占有
动产质押	有体实物；不要转化就有价值	较小	质押物可以存在特定地方
其他权利质押	无形性；权利凭证可以直接看出价值大小	较小	交付权利凭证

1.专利权质押与动产质押的比较

（1）质押标的。基于质押标的的视角审视专利权质押与动产质押，专利权质押的标的为专利的所有权。专利的所有权是有一定的价值的，但是这种价值并不能直接变现，相当于是一种虚拟的财产，需要进行资产转化才能变为实际的财产。动产质权是针对动产的一种担保方式，其担保的对象为动产本身所体现的产权属性。这些动产是实实在在的财产，可以接触到，债权人可以直接占有它们的价值，无需进行任何形式的转化。动产质押和专利权质押有所不同，因此在设立质押和质押难度方面存在明显区别。这是因为它们的质押物不同。

（2）设立方式。专利权质押和动产质押在设立方式方面区别非常明显，这可以从民法典中的规定得到证明。根据《民法典》第444条的规定，以注册商标专用权、专利权、著作权等知识产权中的财产权出质的，质权自办理出质登记时设立，从而可以得知二者的不同之处。

（3）质押的难度和风险。相较于动产质押而言，专利质押涉及的因素更加复杂且难以预测，主要体现在专利权的无形性和价值不确定性上。由于专利权不是实体物品，其价值会随时间的推移而逐渐下降，因此专利质押的预期收益相对不太稳定。与此相比，动产质押的标的物是实实在在的实体物品，易于转移和占有，其价值也相对容易实现。因此，专利权质押的难度和风险明显更高。

2.专利权质押与其他权利质权的比较

《民法典》对担保物权的规定包含了许多涉及权利和质权方面的内容，涵盖范围非常广泛，不仅包括各种类型的知识产权，还包括汇票、债券、可转让股票

以及预计的应收账款等。虽然专利权和财产权都是无形资产,但它们具有本质上的不同。财产权明确涉及某种资产的所有权,直接影响个人或组织的经济利益;专利权需要采取其他手段来将其转化为经济价值。根据相关规定,可以将财产权理解为一种债权的权益。价值相对稳定且容易确定,几乎不存在显著的价格波动。因此,通过使用权利凭证,我们能够直接获得相关的数据。

就转让方面而言,基金份额和股权等都具有一定的波动性,但总的来说还是比较可靠的。相对于专利权证书,专利技术的价值更加难以量化,也更加容易波动。这给评估专利技术价值和进行专利权质押带来了挑战。因此,在推广专利权质押方面,如何有效评估价值是关键难点之一。另外,根据《民法典》第440条的规定,该法条列举了其他几种权利质权。在下文中,我们将从设定方式和存在风险大小等方面进行分析比较,以详细阐述它们之间的具体差异。

（1）设立方法。专利权质押和上述权利客体的质押方式不同,因为汇票、本票、支票等具有权利象征性,可以直接反映其财产属性,因此它们的权利客体可以通过直接交付、转移占有权等途径来实现质权。相比之下,专利权质押的质押方式则不同。尽管专利权也有证书,但该证书本身并不具备任何经济价值,它仅仅表明持有人对该专利享有专有或排他权利,依法合法。因而,在这种情形下,实际完成交货并不能视作确立质权。目前在中国,若想将专利权作为质押物,就需要办理出质登记手续,并在人民银行登记设立专利质权。

（2）风险的严重程度。将专利权作为质押物存在价值变现难度较大,并且其价值转换存在较大的不确定性或波动性,因此该质押方式存在一定的风险。权利凭证如汇票、本票、支票等本身就带有一定的价值,因此在设定质权时相对比较简单。一旦质权人获得或控制了这些权利凭证,就能得到或控制相应的质押物,风险性非常低。

（三）专利权质押的现实情况

专利权质押是一种实际可行的权利质押方式,具有实际意义。进行专利权质押不仅可以对债务人产生监督作用,促使其按时还债,同时也给债权人提供了相应的优先受偿权利,以确保其获得相应价值的保障。专利权质押具有的独特特点:一是无形性,二是时间性和地域性,因此和其他担保物权并不相同。因此,对于专利权质押,我们需要认识以下几个问题。

1. 标的物的价值具有不确定性

对比动产抵押，我们能发现专利权作为标的物的价值是隐性的，无法具体观察和触摸。专利权是一种无形的财产，其价值不稳定，并且被限制了时间期限。根据专利保护规定，发明专利享有20年的保护期。实用新型专利的保护期限是10年。最近修改的专利法对外观设计的保护期限做出了调整，将外观设计的保护期延长至15年。专利的价值会随着时间的推移而发生变化。在专利权起效期间，相关产品的销售额通常较高，因此专利权的价值也较大。然而，当专利权期限接近届满时，其价值会逐渐降低。除此之外，许多其他因素也会对专利的价值产生影响，包括市场需求变化和技术的持续发展。银行和其他金融机构不愿意为企业提供融资担保，因为专利权价值的不确定性导致风险的存在。

2. 标的物的变现能力有其难以预测性

预测标的物的变现能力是困难的。但是按照我国的法律规定，不仅专利申请权可以转让，专利权也可以转让。当事人应按规定签署书面合同并进行登记，经国务院专利行政部门登记并公告后生效。专利权的实施情况将直接影响专利权质押的成果。尽管专利权可以作为抵押品，但是涉及的专利权益范围非常广泛，处理起来非常困难，特别是在确保流动性方面存在一定的复杂性。需要特别留意的是，由于我国专利权质押市场还需要改进，因此专利转让的步骤更加严密和规范。这个过程需要相当多的资源投入，其中包括许多方面的成本，如人员、物资和财务等方面。因为未来专利的利润不能确定，所以抵押专利权的风险比较大。

3. 标的物的价值有其一定的预期性

相比于专利权质权，动产质权更加注重物体的实体特征。换句话说，质权人可以通过控制动产获得对担保物的财产保障，而专利权质权则涉及知识产权。专利权的价值完全依赖于出质人和质权人对其未来价值的预测，因为专利权作为质押物并没有实体形式。因此，在考虑设立专利权质押时，必须对专利的价值进行评估，并确保有关专利质押的人员能够了解潜在风险。除了考虑专利权的有效期之外，还必须关注潜在风险的可能性。因此，专利权可被视为一种有一定预期价值的抵押品。

二、我国专利权质押法律规定和存在的问题

（一）我国专利权质押的相关法律

1. 专利权质押法律法规

我国制定的《担保法》于 1996 年出台，其中首次提及了权利质押。根据该法第 75 条的规定，专利权的财产权可以作为质押物。换言之，该专利权可以进行转让。相比之前的《担保法》，2007 年颁布的《物权法》对于专利权质押的规定更为全面详尽。除了规定专利质押的对象和需要签订合同并进行登记外，还有一条规定即禁止流动质押。第三次修改的《专利法》以及《专利法实施细则》中，对于专利权质押方面并没有做出明确的规定。《专利法实施细则》第 89 条只是简短地提到了专利权质押的登记事宜，以及将相关信息纳入专利公报和登记簿中。换句话说，这些法律文件并没有对专利权质押方面作出详细的规范。

2020 年，我国颁布了《中华人民共和国民法典》，并于 2021 年 6 月 1 日起开始实施。同时，我国还对《专利法》进行了第四次修改。从修改后的条文可以看出，专利的未来发展和保护将会得到更加完善的规定，同时专利权质押的相关法律建设也将得到更进一步的加强。在这里，我们主要阐述专利法的修订情况，该法已经进行了四次修改，其中大部分的修订内容都是为了促进专利的转化和使用。这些修改包括精确定义公共服务的专利信息内容，完善职务发明的激励机制和创意制度，并引入专利公开许可制度等措施。这一制度可以推动专利权的流转，激励专利持有人主动披露专利信息，并借助政府提供的公共服务解决技术差距问题，从而提高专利转化的效率。这些修订反映了中国高度重视专利保护，并将进一步完善专利保护机制。《民法典》继承了《民法总则》第 188 条的条款，在法典中保留了相关内容的规定。同时，《专利法》在 2020 年进行了修改，将涉及普通诉讼时效的制度做了调整，侵犯专利权的诉讼时效从原来的两年变成了三年，与其他民事权利的诉讼时效一致。这种改变能够增强打击侵犯专利权的效力。

2020 年国务院常务会议通过决议，决定自 2021 年 1 月 1 日起实施统一的动产抵押和权利质押登记制度。相应地，人民银行将承担起统一管理的责任。这个决定促进并支持将知识产权和其他权利作为抵押物来获得融资，并采取统一的登记流程。金融机构因此能够共享及全面了解企业权利信息，包括其专利权信息，

从而更好地履行融资担保职责。这项措施有利于改善营商环境，鼓励金融机构更加主动地提供金融服务，减轻中小微企业融资压力，解决企业权益登记权分散的问题，从而促进企业更好的发展。在民法典起草过程中，已废止了对流动质押条款的禁止规定，而签订流动质押条款也不会影响质权的优先受偿效力。在《民法典》428条规定中，并未禁止流质流押的条款。从抵押权人的角度来看，按照原物权法第186条所规定，抵押权人在债务履行期届满前，不得与抵押人约定债务人不履行到期债务时抵押财产归债权人所有。所有权转移给债权人的。原物权法反对流动抵押条款的原因有几点：一是这样可能会导致不公平，损害等价有偿原则。二是高价值的担保财产被用于担保低价值的债权，可能会侵害债务人的利益。另外，如果质押人抵押的资产价值下降，也会损害抵押权人的利益。使用这种方法可以避免债权人滥用债务人的困境来强迫签署流质条款，同时也可以避免出质人因误解而签署明显不公平的流质条款。如果在签署质押合同时涉及流质条款，那么该条款不受法律保护。但是，该质押合同仍然是有效的，并且根据法律规定，质押资产必须优先受偿。这个新规定明确规定了流动资产不会影响对质押物的优先受偿权。

专利权的质押属于权利质押范畴，因为权利是建立在动产的基础上的，所以专利权质押被归类到民法典担保物权编的权利质权部分。这种排序方式遵循了动产质权的规定，从而使得权利质权适用于专利权质押。

然而，也有学者对这一问题提出了不同的看法。他们质疑权利质权是否应该被看作一种真正的质押权。他们认为，权利质权作为一种抵押标的，其抵押物并非有形财产，而是一种无形权利，因此在担保作用上与抵押权有一定区别。由此，他们主张将权利质权归为普通质权与抵押权之间的一种特殊形式。另一种质疑专利质押的观点是，一些研究人员认为专利质押实际上并没有完成专利权的转移，只是一种抵押形式。第三种质疑观点表示，权利并非实物，与动产不同。因此，将权利质权与动产质权放在同等高度进行解释并不妥当。在处理专利权等知识产权方面的担保问题时，必须按照知识产权法律规定去处理，不能简单地依靠担保权利等。只有这样做，才能同时体现抵押价值和质押价值的效能。

根据作者的观点，不能将以专利权为代表的知识产权质押制度简单地归类于担保物权制度。作者认为应对知识产权进行独立处理，并创建一个专门的知识产权分编，因为知识产权具有独特的属性。将权利与物联系起来，实际上是对物的含义进行了扩展。民法规定，物权的客体是"物"，但是否直接将权利归为"物"的范畴，是否合适，需要进一步探讨。虽然权利和有形物不同，但它们都可以被占有、转让和拥有，都具有价值和权利属性。

基于此，在法律上，把权利视为与物权类似的客体也是有道理的。针对现行的知识产权法律规定，立法者经过全面考虑后，认为将其独立成为《民法典》的一个单独部分规范仍不够恰当。有关立法者指出，目前《民法典》尚未单独编纂有关知识产权的规定。原因在于，我们国家一直采用特殊的民事法律立法方式来规定知识产权方面的立法。知识产权领域仍处于不稳定的状态。在这种情形下，可能不适宜采用单独的编制形式来规定知识产权。知识产权类似于私人所有权，是一种民事权利，与实物所有权和债权相似，具有具体性。另外需要注意的是，专利权只有在完成合同登记后才能获得法律保护，这也是其与众不同的地方。制订专利抵押制度旨在推动企业发展，拓展融资渠道，促进科技成果在实践中的转化和应用。这一制度能够有效支持企业的健康成长。处理抵押专利时，抵押人会受到法律限制，以限制专利权人随意转让所有权。这种情况背离了融资制度最初的目的，需要进行修改。

2. 产业政策

我国高度关注知识产权的长期发展，同时也重视中小企业的发展。为了促进科技和经济的发展，激发市场活力并扩大融资渠道，政府机构如银保监会、科技部等相继颁布行业政策，支持专利权质押融资。作者大致列举了每年颁布的产业政策。

（1）2006年，为了拓宽专利权的抵押融资途径，在我国《国家中长期科学和技术发展规划纲要（2006—2020年）》颁布后，针对这一目标采取了相应的政策措施。在2008年，我国出台了一系列具有战略性的政策文件，比如《国家知识产权战略纲要》，这些政策文件的实施对我国的经济发展具有重要的推动作用。2007年，我国修订了《中小企业促进法》，旨在优化中小企业的运营环境，为其提供必要的支持，从而促进中小企业的发展。在党的十七大上，中国提出了一项计划，旨在逐步实现知识产权战略的全面发展。这项计划涵盖了多个方面的工作，包括加强法律法规的制定、完善执法和管理机制、改进产业政策、促进知识产权的发展和应用,及提高知识产权审查的水平。为了推动专利权质押融资的发展,我们在2009年提出了国家知识产权战略实施推进计划指导意见。

(2)加强质押流程的规范化,同时进一步完善专利质押制度。为了适应国内形势变化,国家知识产权局计划对融资试点项目的登记流程进行调整。2013年,我国发布了《商业银行知识产权质押贷款业务指导意见》,目的是推动知识产权融资的迅速发展。该指导意见规定了贷款合同和专利质押标的等关键因素。在社会实践中,各级政府纷纷采取措施,以政策的形式支持各类实践活动。专利权质押融资有多种政策支持,例如政府提供的利率优惠、保险公司提供的信用担保以及税收方面的优惠政策等。

(3)实施风险预防措施。2018年,北京市中关村发布了《企业知识产权质押融资政策辑要》,以应对信息失衡所带来的潜在影响。为了有效应对存在高风险的局面,地方政府已开始实施风险担保试点措施。在知识产权抵押领域,各地区所使用的方式存在差异。中山和青岛采用的是保险模式,而武汉、上海和北京则选择了担保模式,在制度上存在着根本性的差异。根据《关于推进知识产权金融服务工作的意见》等政策文件的规定,我们可以推论,在建立全面的担保体系时,应将风险预防放在核心位置。同时,为了减少专利质押融资的不确定风险,自2017年发布《关于引入专利质押融资保证保险完善专利质押融资风险补偿机制的通知》以来,我国已经在广州、四川、山东等地开始探索试行该政策。中国人保财险与知识产权局携手合作,推出一种全新的专利权质押保险方案,以促进创新。建立了风险保险和赔偿基金机制,并且加强了专利抵押融资的风险抵消体系。

(4)设立标准化的方式以评估专利权质押的价值。2017年财政部发布《资产评估法》和《资产评估基本准则》;中国资产评估协会授权《专利资产评估指导意见》。由此推断,专利权质押融资的评估程序已经过标准化处理。财政部与知识产权局共同发布声明,强调在知识产权质押融资和评估管理方面加强监管,以支持小型企业的发展。要求有关部门积极推进知识产权资产评估工作,不断完善评估流程,并建立健全知识产权融资评估机制。

2016年,中国政府颁布了和实施了相关的法律文件,如《加强知识产权保护意见》,这些法规的目的在于优化相关法规,如《著作权法》和专利法,并着眼于研究和规定知识产权相关政策。此外，通过知识产权局的重组和建立知识产权保护中心等措施，旨在为知识产权提供更加全面和有效的保障。从不断实践的创新措施中得出的重要结论是：保护知识产权就是保护创新。考虑到上述情形，我们应当更加注重知识产权的转移。在知识产权运营中，向他人抵押专利权以获取融资是一项非常重要的业务。为促进该业务的增长，我国已采取多项激励措施。

3. 地方政策法规

地方政策法规直接影响日常生活，为了根据实际情况持续改进专利权质押融资机制，地方政府正在积极与金融机构协商，以共同推动专利质押贷款的发展。还有一些试点工作正在推进中，例如设立专门的银行和风险共担等，取得了一定的进展。国内企业中，90%属于中小企业，这些企业在推动科技进步和经济发展方面扮演了重要的角色。可以说，中小企业是推动发展的火种。中小企业得到了专利权质押融资的实质性支持，得益于地方政府的积极参与和制定出台的专利权质押融资政策。如表4-3-2所示，我们可以更深刻地认识到各地在专利权质押融资方面的研究和实践。

表4-3-2　部分省市和地区相关法规政策

省市	相关政策
湖南省	《湘潭市专利权质押贷款管理办法（试行）》（2004年）
上海市	《浦东新区科技发展基金知识产权质押融资专项资金操作细则（试行）》（2008年）
北京市	《知识产权质押贷款贴息管理办法》（2009年）
哈尔滨市	《关于促进知识产权质押融资的实施意见（试行）》（2011年）
深圳市	《关于印发深圳市促进知识产权质押融资若干措施的通知》（2012年）
上海市	《科技发展基金科技型小微企业贷款贴息专项资金操作细则》（2016年）
上海市	《上海市专利资助办法》（2019）
江西省	《关于加快提升专利质量推动知识产权高质量发展的若干意见》（2019年）
上海市	《松江区知识产权资助办法》（2020年）

根据表格，可以看出各省、市、区都在推出一系列地方政策以促进专利权质押绿色通道的畅通。根据相关地方规章、政策和规范性文件，我们总结出了以下要点：第一，地方政府金融管理办公室、科技局和知识产权局要密切协作，建立协作机制来推动专利权质押工作的顺利进行；第二，要努力提升专利权质押融资的服务水平，积极开展相关业务，包括但不限于在专利质押融资、登记与咨询方

面提供更优质的服务，建立更加高效便捷的服务平台；第三，重新设计专利价值评估管理系统，以保证其有效实施和优化管理，以推动评估工作的进一步发展。

  这里对各地实施政策的情况作详细阐述，上海市于 2018 年出台并实施了《上海市专利资助办法》，该办法提供了相应的资助措施，支持与质押融资业务有关的专利，通过此举引导企业采取知识产权质押融资的方式。为了帮助中小企业，我们应该引导各个地区制定相关政策和法规，并提供政策性支持，以鼓励中小企业通过专利质押方式筹集资金。为此，我们可以采取贷款贴息的方式来减轻中小企业的金融压力。为了降低专利质押带来的风险，我们可以使用一种综合了财政风险补偿、保险和贷款的融资模式。经过对 2019 年 9 月的数据进行分析，我们可以发现武汉市对于中小微企业的发展采取了多种措施，其中包括为超过 600 家企业提供了 76.44 亿人民币的质押贷款，以及注册商标专用权和专利权等。通过提供另一个案例，我们可以更深入地理解这些区域性政策的作用。2008 年 12 月，一家国有控股的公司在安徽省开始提供中小企业融资担保服务，其注册资本为 31746 万元。自公司成立以来，已为各种经济实体提供了近 90 亿元的融资保障服务。该公司的业务涵盖了多个领域，例如铝基新材料、新能源电池和营养保健等。为了促进那些在技术领域表现出色、业绩突出并具备商业道德的科技企业吸引投资，公司采用了反担保措施，例如将应收账款、商标和专利作为抵押。仅 2018 年，当地小微企业就在融资方面得到了很好的支持。共有 279 笔融资担保业务得到了办理，保障了 16.63 亿元人民币的担保额度。公司在与政府和银行的合作中，表现出色，成功保障了 162 家企业，提供了超过 15.36 亿元的保障，并且公司的年化担保费率低于 1%，客户信用评级已经达到 A 级。当前，这一地区囊括着 76 家高新技术企业，120 家省级科技型公司，另外还有 1 家享有国家级荣誉和 32 家获得省级创新型企业称号的公司，21 家企业成功晋级全国创新创业大赛总决赛。随着越来越多的地方被授予创新型县（市），当地的科技型中小企业正积极地推进科技研发并努力将科技成果转化为生产力，使得企业对资金的需求也不断增加，迫切需要补充科研产业化资金。

  公司积极研发新型担保产品，以满足科技型企业获得更多资金支持的需求，并在传统担保贷款业务的基础上，特别针对科技型企业的特点进行了研发。除此之外，公司还率先推出了专利质押融资模式。该措施旨在鼓励金融和资本更积极地向科技型企业投资，以协助企业解决资金筹集难、规模不足等问题，促进企业加速成长和发展。推出"专利权质押担保"产品，可以更好地满足科技型中小企业快速发展的需要，从而促进这些企业加快成长。专利质押是一种行之有效的措施，它能够最大化利用企业的无形财富，帮助科技型企业解决由于缺乏抵押物而导致的无法获得融资的问题。这一行动充分彰显了在融资担保领域中，知识产权的重要性和价值。为了促进科技型小微企业将科技创新转化为实际产出，一种可行的方式是设立专利保护机制，并开发全新的贷款方式，为其提供长期的发展支持。企业可以将专利权作为抵押品来获取融资，以推动创新和科技的发展。这种举措有助于推动企业在科技创新方面取得更大的进步，提高其在科技竞争中的地位和竞争力。

（二）我国专利权质押存在的主要问题

1. 专利权质押标的范围有限

由《民法典》第 440 条立法原意可知，权利质押和专利权中的财产权是专利权质押标的的主要内容；在这种情况下，此时作为专利权的质权可质押的标的需具备以下要素：(1) 权利属性上必须属于财产权；(2) 上述财产权的法律性质属于可转让性；(3) 在转让过程中不违背质权的法律性质。按照中国不同的专利保护法益，专利权分为实用新型专利、发明专利、外观设计专利三种，它们都具有质押和融资的功能，但是，由于司法实务中没有对专利申请权进行有效的规范，所以将其归入专利权质押标的的范畴一直以来都有很大的争议。按照我国现有的相关法律，在专利申请人提交申请之日至被授予或被驳回这段时间内，申请人仍对其所申请的法益享有"所有权"，这期间排他性依然是专利申请权的特质。

也就是说，无论能否取得专利权，从申请之日到公布结果之日都可以享受这项权利。而且专利的申请人可以把自己所享有的专利申请权用来向实施这个发明的单位或个人请求补偿费用，这样可以得出专利申请权是具有等价交换财产性价值的。

专利财产权是一项排他性的权利，独自享有、自由支配和使用专利是专利权人所拥有的合法权益。从对专利申请权的分析中可知，在法律上专利申请权的确不能被认定为一项财产，然而，我国的法律对专利的转让权和使用权并没有作出具体的规定。在司法实务中，专利实施权多是指权利人对其所拥有的专利产品享有的权利,如使用、出售或改造等。上述的专利转让权,实质上是指专利使用权或所有权的转移。专利转让权和专利使用权这两种权利都具有可让与性和财产性,对于专利的买方和卖方而言,可以将其定义为专利权质押的主要标的内容。如果将专利质押权的标的只归于专利权财产权中也是可以的,这一点在专利法中也有所体现,但目前的法律并没有明确地规定专利的使用权和转让权是否可以作为专利权质权的标的。物权法定主义指出,《民法典》物权编未列明的权利,不能成为权利质权的标的,另外,在实际操作中,既不能登记专利转让权和实施权,也不便公示专利转让权和实施权,因此,法律上并没有提及这一点,这也许是因为立法者默认不能抵押专利转让权和实施权。当然,站在立法者的角度来看,专利权具有财产性已经有很大的风险,而专利转让权和实施权的风险无疑更大,风险越大,债权人放贷的安全性就越低。现如今,国内的银行和其他金融机构都已经实现转型并逐步完善,可以考虑让企业质押专利转让权和实施权以获得贷款。

2. 专利权设立登记的问题

在专利权质押登记的过程中,《民法典》第444条的规定明确指出了以注册商标专用权、专利权、著作权等知识产权中的财产权出质的,质权自办理出质登记时设立。这意味着专利权在质押过程中,其权益的转移和使用都需要遵循财产权的相关法律规定。然而,这一条款同时也提到,知识产权中的财产权出质后,出质人不得转让或者许可他人使用,但是出质人与质权人协商同意的除外。出质人转让或者许可他人使用出质的知识产权中的财产权所得的价款,应当向质权人提前清偿债务或者提存。这一点显示了专利权质押的特殊性质。从这一规定中我们可以看出,对于专利权质押的设立,不再要求交易双方必须签订书面合同。虽然在一些其他财产权的处置中,书面合同被视为权益转移和生效的必要条件,但在专利权质押中,公示的办理成为了决定性质权设立的关键因素。然而,这并不意味着合同在专利权质押中不再重要。合同的生效构成要件和质权的设立确实不划等号。即使质权可以通过公示设立,但一份详细、完整的合同仍然能够为交易双方提供明确的权利和义务,有助于解决可能出现的争议。值得注意的是,虽然权利质权的规定在某些方面与动产质权的规定相似,但在实际操作中,两者依旧存在明显的差异。动产质权的设立往往需要交付动产给质权人,以此作为权益的担保。而权利质权,尤其是专利权质押,其设立则更多地依赖于公示程序,而非物理交付。专利权质押的一个显著特点是，其设立并不仅仅通过简单的交付专利证书来实现。专利证书虽然证明了专利权的归属，但它并不具备司法实践中的公示性效果和排他性法律效果。换句话说，单纯交付专利证书并不能使质权人真正控制专利权，也不能通过此方式实现质权的公示。因此，在专利权质押中，公示程序的办理显得尤为重要。只有通过正规的公示程序，才能确保质权的设立和生效，进而保障交易双方的合法权益。这也正是《民法典》第444条规定所强调的核心内容。通过明确专利权质押的设立条件和公示要求，这一规定为专利权质押交易提供了更加清晰和明确的法律指导。

我国对登记生效主义持赞同态度，然而各专家学者对登记生效主义持不同的观点。持否定观点的学者们觉得登记生效主义会导致专利质押的项目数量以及资金数额迅速增多，如果采用登记生效主义，我国资本市场中质押将会受到不利影响，具体体现在当事双方的交易成本大幅增加，交易效率降低。持肯定观点的学者认为，我国目前已建立专利权质押的登记审查程序，只不过尚缺乏法律约束。在登记过程中，由于交易双方提交的手续和证明材料非常重要、非常多，所以登记人员的工作量也随之变大，工作效率自然也受到影响，同时交易成本也逐渐增加。特别是在对材料进行实质审查时，后续的质押工作也无法继续开展。但是如果采取登记对抗主义，专利权质押的风险就会大大降低。在设立相关质权时，尊重当事人意愿自治，国家法律不得干预。此处无需公示登记对抗主义，只要专利权质押合同生效，即表示相关质权已设立，这表明登记对抗主义只对合同的当事人有一定的约束力，它是具有相对性的。另外如果善意第三方想要取得未登记的相关质权的法律保护，可以通过两种方式：一是受让，二是登记。那么此时债权人对于质押权人的主张就得不对抗善意第三人。但是，这样做将会导致出质人面临的法律风险会增大。因此，在专利权质押过程中，我国有必要对登记设立方面的相关制度进行完善。

3. 专利权质押立法体系不统一

通过对专利权质押法律的分析研究，我们可以发现现行的政策法规都是模糊的、分散的，缺乏较为统一的立法体系。缺乏完善的政策法规的支持，专利权质押难以有效发展，同时，在出现专利权质押纠纷时，由于立法体系较为分散，很难通过法律手段解决纠纷，因此专利权质押的保护也面临较大的困难。目前我国民法典和专利法中存在一些涉及专利权质押融资的法律条文。即使《专利法》已经过多次修正，但它是我国指导专利权的主要法律依据。不过上述法律并没有明确规定专利权质押的法律性质，我国的专利权质押法律仍不够完善。目前《民法典》规定的担保物权中包含关于专利权的条款，但是这些条款过于笼统，没有对专利权质押的法益保护和价值评估进行明确规定。

确实，我国的法律法规相当分散。此外，政府也出台了许多政策来调控和监管专利质押行为。这些政策可以看作是一些具体措施和指导方针，是在宏观层面上进行的规划。地方政府的政策和本地区法规是基于国家的指导方针，结合当地的特定情况而制定的。虽然这些政策被赋予了法律效力，但它们终究不是我国正式的法律渊源，因此其约束力相对较弱。另外，地方政策规范性文件通常采取鼓励和扶持等方式，例如提供贴息补助、资金奖励、完善服务等，而无法对专利权质押制度进行实质性的改变。此外，各地政策文件都是因地制宜的，因此各地之间的专利权质押程序和内容都有所不同，无法相互套用。从上述分析可知，专利权质押缺乏法律依据，缺乏法律支持。专利权质押的保护程度非常低。

4. 风险分担机制不健全

我国专利权质押存在风险机制不完善问题，同时，专利权质押本身属于高风险行为。这种风险与专利权的性质密切相关。在专利权质押时，金融机构会考虑到资金安全和自身利益，因此对于中小型科技公司的专利权质押业务持谨慎态度，专利权质押融资审核非常严格。根据前面的内容，我们可以得知，我国与专利权质押相关的立法体系还存在缺陷。此外，不同地方的政策法规和规范文件也存在差异。因此，在应对专利权质押风险问题时，一些地区采用市场机制，而另一些则依赖政府担负责任。深圳市以科技公司为主要发展方向，但专利权质押存在一定的不确定因素。因此，该市设立了企业信用保障中心，为符合相应资质的公司再次提供担保服务。当债务人无法偿还对外债务时，商业银行和其他金融机构（包括融资担保机构和担保中心成员）会共同承担不利的法律后果，按比例分担这些责任，这有助于削减专利权质押的风险。

专利权质押的风险分担机制因地区而异，因此出现了多种模式。各级政府已经开始了专利质押融资风险规避的尝试和实践。知识产权质押担保模式已在一线城市得到广泛运用，如北京和上海。同时，以一些二三线城市为代表的知识产权质押保险模式也在不断探索和推广。然而，这些担保方式实际上是否会取得良好效果呢？这是无法确定的，因为在政府开展此类模式时，政府的参与度通常会高。鉴于市场风险的不确定性，政府也需要负担专利质押所造成的损失。由于这些模式的难度较高，所以它们的普及并不简单。例如，青岛保险公司在实际操作中承担的风险极大，同时也难以实现广泛推广。与此相对地，中山模式具备较好的保障性，风险较小。由于缺少熟练掌握专利质押业务的专业人才，担保公司在开展业务时遇到一些困难。面对这种高度专业化的业务操作，常会将法律风险分摊给出质人和质权人。我国正在逐步实施专利权质押风险业务试点，涉及山东、四川、辽宁等地，要确保这一业务能够有效落实，需要一定的时间。

5. 专利权价值评估不规范

根据之前的论述，可以得知在我国，专利权质押立法不统一，各地政策迥异。因此，许多人对我国专利权价值评估的结果往往持怀疑态度。为了规避专利权价值评估所带来的风险，银行更倾向于发放短期贷款，而对于中长期贷款则往往持谨慎态度。由于我国的这一现状，专利权质押融资业务未能得到进一步的发展。不仅仅是中国，在世界范围内，评估专利权的价值都是一项复杂的任务。这是因为专利权具有独特的特点，其价值会随着科学技术和经济的不断进步以及专利市场的变化而变化，同时许多不确定因素也会导致专利权价值的波动。

专利权的价值评估需要考虑多方面的因素，例如专利的行业前景、转化潜力、替代性以及市场动态等等，这些问题非常复杂且难以把控。不过好在我国在2017年出台了《专利资产评估指导意见》，这份指导意见对专利权的价值评估程序、具体操作、评估对象以及合理性方面进行了更加细致、全面的规定和要求，进一步提高了专利权价值评估的规范性。然而，这份《指导意见》的实际目的是对行业进行规范，其法律效力较低，因此无法强制约束评估机构人员。此外，这份《指导意见》仍采用了传统的价值评估方法，无法实现有效的统一标准。尽管《指导意见》规定在选择评估方法时，应考虑价值分类、资料收集、评估对象、评估目标等方面，但是评估机构在选择评估方法时具有很大的自主性，这是因为评估方法不统一的缘故。不同的评估标准、评估体系和评估机构会产生不同的专利权价值评估结果，这进而可能导致不良的评估行为的产生，因此会导致专利权价值评估结果缺乏公信力并且无法得到人们的认可。

在生产实践中，人们所创造的智慧成果被称为知识产权。其所具有的专有权益是间接的且容易扩散，同时还有一些与财产相关的特性。因此，在对实体资产价值进行评估时，不能只采用独立模块来进行评估，应将社会劳动时间考虑在内。在对专利权的经济价值进行评估时，必须考虑到个体在实际生产上所耗费的时间，这会使得专利权的价值评估变得相对复杂且难以实现，同时还会受到多种因素的影响。专利权的价值评估受多种因素影响，其中包括技术、法律和经济等方面，因此，很难做到全面地评估专利权的价值。由于专利权价值评估采用的方法和技术相对独特，因此最好由具有专业评估资质的机构进行估算。然而，在我国，这样的专业性机构相对少见。专利权价值评估仍有进一步提升的空间，需要我们不断优化评估过程和标准，以确保评估结果更加精确、规范化。为此，需要严格把控评估流程、评估标准，力争将专利权价值评估做到最好。

6. 专利权质权难以实现

当前金融机构不再从事相关权利质押融资的原因在于，实现专利质权是非常困难的。根据我国《民法典》关于动产质权的第436条规定表明，在债务人不履行义务，以及发生双方当事人约定实现债权情形，此时，可以进行协商以质押财产折价补偿或其他司法救济途径，实现优先受偿。因为我国针对专利质权的实现问题上，目前属于法律缺位状态，而在《民法典》第446条中权利质权除适用本节规定外，适用本章第一节的有关规定，所以根据我国《民法典》第446条的相关设定专利质权的实现，同样也可以适用质押财产的折价和拍卖等相关法律规定，不过专利权的财产性权利跟动产这样的财产具有一定差异性，这个在上文中已经予以证明和论证；若出质人不能按期偿还债务或按期还款，此时金融机构银行等可以对该专利权享有优先受偿性折价赔偿债务。

但是目前的资本市场还不够完善，并且专利价值也尚不稳定，这使得这些金融机构难以像对待动产一样，通过拍卖、变卖等方式，来实现其利益的保护，进而追回自己的债权。主要原因在于：专利权的价值受市场因素影响而产生波动。市场监管对专利质权评估会产生影响，可能导致专利价值的贬值。即使优先受偿也无法清偿对价的到期债务，这种情况会转嫁法律风险给债权人，并把相关法律风险间接转移到债权人身上。也正是因为专利权从获得到进行质押贷款过程时间较长，而专业性的专利价值判断大众难以熟知。

尽管现今科技不断进步，但专利质权的变现时间及效率仍然未能改善。另一方面，由于专利权是无形的，难以在市场上得到直观体现，因此公众难以理解和接受其价值。与其他普通商品不同，专利技术与大众的生活联系并不密切，因此公众对专利权的价值并没有过多关注。

根据数据分析结果显示，市场份额较大的公司的专利技术生产比较稳定。在规模不同的企业中，同一专利权的法律效果和价值效用不尽相同。专利权的变现能力和市场价值与公众对其需求程度有关，需求程度低，其变现能力和市场价值也会变低。在专利权质押实现的过程中，交易双方之间存在信息沟通方面的隔阂，会使交易的法律风险提高。2020年国务院还发布了《国务院办公厅关于进一步优化营商环境更好服务市场主体的实施意见（国办发〔2020〕24号）》，这一措施的根本目的在于，由中国人民银行统一公示登记动产和权利担保，通过及时掌握企业的信用信息，金融机构能够更好地为中小企业和大型企业提供担保融资服务，从而提高融资意愿和成交效率。我国在国家和地方层面都积极推动知识产权交易，但这也导致在专利权质押道路上出现信息资源无法统一的问题。实际上，在实现专利权质押的过程中还存在着各种各样的问题。

三、完善我国专利权质押的对策

专利权质押从发起设立到最后完成，都要经过规范化的过程，除了要规范专利权质押的过程，还要规范专利权质押主体的行为。上文概述了专利权质押的特性，并通过与其他权利质权以及动产相对比，发现了其标的中存在的问题，为了完善我国的专利权质押，对国外的专利权质押法律法规和实践进行分析，并从中得出了一些有价值的经验，因此，在下文中，我们就如何应对这些问题进行一些探讨，并根据我国的具体情况，找出相应的对策，以期能够更好地解决专利权质押中存在的一些问题。

（一）制定专门的专利权质押法律规范

1. 完善专利权质押标的与登记制度

从前面的叙述中，我们已经得知，日本法律规定的专利权质押标的范围要远大于中国，日本法律规定除了专利权可以质押外，专利实施权也可以作为质押标的进行质押。而在我国，专利权质押标的的范围比较模糊，《民法典》只规定了专利财产权可以作为专利权质押标的进行质押，法律并没有明确规定专利实施权是否可以作为专利权质押标的进行质押，如何理解并使用专利实施权是一个值得研究的问题。专利实施权的本质是专利权人允许他人实施自己的专利产品或方法，从中谋取利益。从理论上看，专利实施权是一种财产性的权利，也是一种可以交易的权利，但是在我国的立法中，并没有对专利实施权的质押标的作出任何规定，只对专利实施权有所规范和约束。这实际上有利于拓宽我国专利权质押的融资方式。但作者认为，还是要遵循专利实施权中质押标的的有关规定进行质押融资。国务院常务会议提出从 2021 年 1 月 1 日开始在全国公示系统上统一公示动产、权利担保。这有效解决了以往分散登记存在的问题，使金融机构能够及时了解到企业的有关信息。世界上的其他国家大多采用登记对抗主义，如《法国知识产权法典》《日本特许法》《美国的商法典》等都对登记对抗主义作出了明确的规定，虽然其存在着一些风险，但在今后的专利权质押发展中，还是可以参考的。

2. 统一专利权质押立法体系

目前，我国的专利权质押法律规范分散在各个法律法规和政策中，从国家到地方都有相关的规定和政策。这些分散的规定会对专利权质押造成不利影响。一旦质押产生争议，较为分散的法律法规难以解决问题，因此，建立一个统一的专利权质押立法体系对于专利权质押保护至关重要。在当前的法律框架下，为了确保专利质押融资业务有效开展并规范行业行为，作者建议增强法律法规规章政策之间的互通性。通过协调和统一中央和地方层面，以及各地方之间的合作，可以有效地保护出质人和质权人的权益。当然，若出现专利权质押融资纠纷，可以依据具体的法律法规进行调解，解决争议，让相关当事人受到保护。这样一来，专利权质押的法律供应就更加充裕了。目前，我国专利权质押立法体系尚未健全，各地政策各不相同，难以有效规范。由于我国现行的涉及专利权质押的法律较为分散，因此需要规范各类法规和规章制度，使其统一。深入了解专利权质押的每一个步骤，汇总各地在专利权质押立法和实际操作方面的经验，以便制定普适性的操作指南，从而避免由地区差异而引发的矛盾和冲突。这将促进专利权质押管理的改善，推进专利权质押的发展。现阶段，我国的民法典和专利法都或多或少地涉及知识产权，希望未来我国的知识产权法律体系能够完善统一，以促进专利权质押立法体系规范统一。

3. 设立政策性银行作为放贷主体

我国的银行和其他金融机构通常不太愿意提供专利权质押贷款业务。这种情况不仅仅存在于中国，其他国家也有同样的问题。在前文中，我们已经论述过国外的专利权质押实践，了解到美国的硅谷银行虽然和政策性银行不同，但也属于政策性银行，它们都致力于为中小型企业提供服务。我们可以从美国和日本这两个国家的银行中汲取经验，美国是以市场为主导的国家，而日本是以政府为主导的国家。美国硅谷银行的发展得益于美国的市场运行，而日本的政策性银行则由日本政府创立。尽管这两种银行的性质有所不同，但它们都能为企业提供融资服务并解决融资难题。我国已经开始学习其他国家设立知识产权融资银行的做法，并在上海、厦门等地区推行，通过发动多家银行，建立专门的融资银行，向中小企业提供低息贷款，帮助中小型企业维持运营。

综合以上描述，借鉴美国和日本的实践经验，我国政府应当率先设立知识产权政策性银行，通过宏观调控发挥指导作用，促进银行和企业之间的信息交流，推动专利权质押融资业务的发展。这样不仅可以激发商业银行的积极性，也能够带动专利权质押融资市场的活跃性，进而推动我国经济的发展。

（二）建立健全多方主体风险分担机制

1. 建立专利权质押的服务模式

为了有效降低专利权质押融资的风险，建立一个完善的专利权质押服务模式至关重要。作者认为，首先，需要联合各部门和机构，如地方政府、银行、担保公司、价值评估机构等，形成一个协同的联盟，各机构和部门之间共享信息资源，携手创建专利权质押服务模式。其次，要建立科学、规范的评估、质押、风险控制等工作流程和制度，确保专利权质押融资业务的稳健运行。最后，建议要建立长效监管机制，加强对专利权质押融资市场的监管和风险防范，促进该领域的健康发展。此外，也需要制订明确的管理规章，明确各个部门的职责，并从法律、经济、技术三个角度出发进行评估。贷款企业可以获得来自保险公司的贷款，在放款前银行可以进行必要的审查，贷款企业也可以让担保机构为其担保。这样就建立了极具专业性和权威性的专利权质押服务模式。专利权质押服务模式的建立，有利于贷款企业的发展，并且能够加快符合条件的贷款企业的资金筹集速度。同时，该模式还能够促进专利权质押的实现，让符合贷款条件的企业更快得到资金支持。这种由政府、银行、金融机构、担保机构和价值评估机构提供的一站式服务,能够为企业带来诸多便利,部分地区已经采用了这种服务模式并取得了显著成效。专利权质押服务模式能够有效地管理和监控整个专利质押贷款流程,从而降低专利权质押的风险。按照作者的看法,应当加强推广专利权质押服务模式。

2. 健全多元化担保模式

在专利权质押融资初期阶段,政府的支持至关重要。纵观国外的实践经验,政府在专利权质押过程中扮演了重要角色,无论是在提供资金支持方面还是信用担保方面均发挥了重要作用。日本和美国在专利权质押方面已经发展得相当成熟,因此我国可以参考日本和美国的担保模式。

在我国,政府可以设立非营利的信用担保机构,免费为中小企业提供服务,包括为其提供信用担保服务和专利权质押融资服务。政府作为担保方,可以有效地降低银行等机构所关心的风险。然而,在专利权质押快速发展的过程中,政府应逐步减少其所发挥的作用。这是因为如果地方政府自身财力不足,为小企业提供信用担保就会进一步加剧财政压力。在此阶段,市场资源的分配至关重要。日本信用保证协会的担保模式已经发展得非常成熟,我国在司法实务中可以借鉴此模式。这种模式要求中小型企业提供保证申请和资质证明以及其他相关材料,以证实企业的真实运营状况;经过实质审查后,信用担保机构认为申请资料真实可靠。一旦真实性已经得到确认,接下来需要雇佣技术专家和评估机构进行相关质押物的价值评估,以便能够履行担保责任。

我国也探索了政府在财政扶持方面的方法,如武汉市"银行+保证保险+第三方评估+风险补偿+财政贴息"模式。实行保险公司、财政、银行5:3:2的风险共担机制,同时提供上述模式的政策扶持并予以保费补贴,通过对专利质押获得贷款并履行良好的企业可享受保费保险补贴的60%作为优惠条件,而对于专利权质押贷款利息总额的50%优惠条件,将会发放到符合条件的企业用于补贴利息。这也是一个很好的激励措施。政府的贷款贴息与补贴能够激发银行接受中小企业贷款的积极性,进一步分担风险。

3. 推进专利权质押融资保证保险

我国正在积极推广专利质押融资保证保险,并开展实践试点。为了降低质押风险，可以设立风险补偿基金，由银行、相关服务机构和保险机构共同承担法律风险。只有专利权质押融资保证保险得到积极推广，中小型科技企业的融资成本才能降下来，融资效率才能提上去。企业专利权质押的风险降低以后，金融机构没有了担忧，更愿意为企业提供融资资金，从而保障了专利权质押的风险补偿。保险的本质在于防范风险并规避风险后果，因此应当在选择保险种类和所付保费时进行合理的配置。只有这样，才能降低专利权抵押风险，推动专利权抵押市场不断发展。

（三）提高专利权价值评估结果的科学性

1. 严控价值评估机构的市场准入

专利权价值波动大，具有不确定性并且存在许多风险。因此对于世界上任何一个国家来说，专利权价值评估难度都非常大，面对专利权价值评估每一个国家都无从下手。一些金融机构难以承受专利权价值评估计算所带来的风险，这可能会对专利权质押业务造成一定的不利影响。专业金融机构例如银行，其首要目标是实现盈利，因此银行通常不太愿意将资金投入低回报、高风险的业务领域。中国的专利权质押业务也是贷款额度相对较小、贷款时限较短的业务。因此，阻碍当前相关业务发展的主要因素就是专利权价值评估计算。同时国内的专利权价值评估机构在评估专利价值时无法可依。

为了保障专利权价值评估过程的科学性和专利权价值评估结果的准确性，需要建立严格的市场准入机制，以防止不合规的机构涉足市场。专利权价值评估机构是指经过有关机构批准，专门提供专利权价值评估服务的机构。目前我国现有的专利权价值评估机构水平不一，因此专利权质押融资还面临着许多坎坷。虽然我国已经颁布了《专利资产评估指导意见》和《专利资产评估管理暂行办法》等价值评估规范，但是前者只针对少数行业，后者管理效果不佳，导致它们都没有发挥出应有的作用。因此，关键在于提高专利权价值评估领域的准入门槛。为了保证设立的专利权价值评估机构的高标准，应当实行资格审查和考试制度，以选拔符合要求的评估人才。除此之外，还需要确立更为严格的评审流程，淘汰那些不符合标准的评估机构。对于进入市场的评估机构，也要严格监管，不能松懈。如果在后续监管中一旦发现不符合标准的价值评估机构，应当立即撤销其资格。专利权价值评估难度非常大，技术性极强。因此，评估人员需要不断提升技能水平，与时俱进，以保持其评估能力的稳定性。政府也应该时刻注重评估人员的选拔，同时加强对评估人员的培训，以提高专利价值评估的水平。

2. 规范专利权价值评估方法

对专利权价值评估方法进行规范是至关重要的，因为不同机构之间的评估结果如果出现差异，可能会引起银行和其他金融机构的担忧，从而影响贷款的发放。银行追求的是贷款资金的安全性，只有确保专利权价值评估结果准确，才能保证资金安全。银行并不关心专利权所带来的社会价值。对于小型企业而言，其从银行和其他金融机构获得的融资额度较少，这将限制企业的发展。因此，无论是对于金融机构还是对于中小企业来说，评估结果都是至关重要的。我国在专利权价值评估方面存在不足之处，因此需要进一步加强相关研究，找到有效的价值评估方法。例如，可以搭建知识产权数据共享平台，或者聘请专利权价值评估专家制定价值评估报告制度，提高专利权价值评估的准确性和公正性，从而减少供需双方之间的信息不对称问题。

3. 明确专利权评估机构主体责任

在专利权质押流程中，专利的价值评估结果是一个关键因素，其决定着银行是否愿意向中小企业提供贷款。如果专利价值评估低，银行可能会拒绝放贷；反之，如果专利价值评估高，银行则会有意向提供贷款。因此，价值评估机构在专利价值评估中应承担相应责任。在专利价值评估中，评估人员的专业能力对金融机构的放贷决策产生了直接影响。同时，评估人员的态度和主观判断也会对评估结果造成影响。因此，在评估专利价值时，评估人员必须始终保持客观公正的态度，以确保评估结果的准确性与合理性，严禁弄虚作假。当专利价值评估结果出现问题时，评估机构负主要责任，评估人员负次要责任，并且可以追究这些人员的连带责任。如果评估机构涉嫌伪造评估结果或评估数据，将会被吊销资格证，同时机构的主要负责人也需要承担法律责任。总而言之，一定要严格要求评估机构，维护好专利价值评估的法治环境。

（四）拓宽专利权质押变现渠道

1. 搭建网上专利交易平台

随着互联网的发展，许多交易方式已经向在线平台转移，因此建立网络专利交易平台至关重要。这种平台的出现可以使专利权质押更快完成，实现了专利信息共享，优化了资源配置，促使利益最大化。此外，这些平台还促进了交易双方间的信息沟通与交流，减少了交易成本，方便了交易的进行，提高了效率。网络专利交易平台对于营造公正合理的交易环境作出了积极的努力。尽管我国各地纷纷兴建交易中心，以提供知识产权交易服务，但令人遗憾的是，我们尚未建立起一个统一的在线专利交易平台。如今的专利网上交易平台分散无序，缺乏一体化管理，市场交易规模很难扩大。如果使用一个标准化的专利交易平台，就可以获取更广泛的交易信息。虽然我国已经开始建立技术平台，其中交易中心为知识产权的相关交易提供了比较完备的信息服务，但在当前互联网时代，专业交易平台已经不只局限于线下形式，线上交易平台也应得到充分发展。实现该目标需要发挥互联网优势，加强对线上专利交易平台的管理，并促进银行、担保机构、中介机构等多方参与。除此之外，还间接吸收银行和相关担保机构和部分中介机构等多方参与，利用互联网平台对上述群体提供从项目受理一直到贷款发放等全面服务，为了更好地满足客户的需求，建议平台设立专业的数据分析库和动态数据库，以便根据客户的需求自动匹配相关的供需信息。这样可以节省双方在信息收集和比对上的时间成本，同时提高交易效率并降低操作成本。唯有如此，才能构建一个高效的专利权合作平台，消除地域限制，拓宽专业交易范围，为交易和协商提供高效的网络系统并不断拓展其覆盖范围。另外，专利交易平台可借助展示企业和信息变化的方法，及时披露相关信息，以便有效地减少双方信息不对称和信息断层的可能性。只有通过采用全面的法律风险降低措施，并建立严格的数据库和信息披露机制，才能确保公平和规范的交易环境的形成。

2. 规范多样化的质权实现方式

目前，我国专利权交易方式主要采用协商和自治的方式。这种方式存在着供需信息不对称问题，缺乏交流和沟通可能会造成交易风险。除此之外，如果交易双方想要获得内部信息，可能会付出更大的代价，这也会影响专利技术成果转化为财产的时效性。为了解决这个问题，我们可以通过建立多种拍卖渠道来完善这两种交易方式，同时制定系统化的拍卖规则，以促进技术转移。鉴于数据分析系统背景，专利权拍卖协作系统在我国还未得到充分应用。因此需要不断创新，整合各类资源，明确各方工作分工，使各机构和部门携手推动专利拍卖的规范化发展。为了更有效地进行竞价拍卖，需要加工专利交易平台上的数据，并对其集中展示。同时在拍卖过程使用互联网技术，可以促进双方之间的交流沟通和信息共享，为交易双方节约时间，有效推进交易过程，质权人才能获取最大经济效益来实现债权。此外，通过审慎调查，可迅速分析此专利在该行业中的相关企业信息和技术情况，再对相关的专利进行变现，此时可以将手中的专利权作为资产进行股权置换来间接降低自身的交易成本。《国务院办公厅关于进一步优化营商环境更好服务市场主体的实施意见（国办发〔2020〕24号）》中表明中国人民银行现在负责统一公示和登记动产和权利担保事宜。这项政策对相关金融机构非常有利，因为他们可以更全面地了解中小企业的相关信息，同时企业的融资担保效率也会有所提升。我国在国家层面和地方层面都积极推动知识产权交易，但这也暴露出专利质押实现过程中信息资源不统一的问题。因此，我国需要探索多种方式来促进专利质押的实现。

第五章 商标权的质押

商标权质押已成为中小企业获得融资的一种主要途径。该方式源于20世纪80年代，且在我国高度关注知识产权经济的背景下，商标权质押担保已成为知识产权担保经济的核心组成部分。本章为商标权的质押，分为三部分内容，依次是商标权的对象、商标权的内容、商标权的质押。

第一节 商标权的对象

商标权作为一种知识产权，其重要性在全球经济一体化的今天愈发凸显。商标不仅代表了商品或服务的来源，更代表了企业的形象、信誉和品质。因此，各国都对商标权的取得和保护作出明确规定。在实行注册制度的国家，商标权的取得主要依赖于注册。这意味着，无论是自然人、法人还是其他组织，如果想要对其商品或服务取得商标专用权，首先需要在商标局进行商标注册申请。这一申请过程并不是简单的填写表格，而是需要满足一系列的条件。首先，申请人必须是在生产经营活动中对其商品或服务有真实需求的一方。这是为了保护那些真正投入市场、为消费者提供商品或服务的企业的权益，防止恶意抢注、囤积商标等不正当行为。其次，申请人应在与自己的业务有关的商品或服务上申请商标注册。这意味着，申请人需要明确其所提供的商品或服务的范围，并在该范围内申请商标注册。这样不仅可以确保商标的专用权得到合理保护，还可以避免商标权的滥用。在我国，《商标法》对商标注册的条件和程序作出详细规定。这不仅为申请人提供了明确的指引，也为商标局提供了审查的依据。同时，我国《商标法》还鼓励商标权的合法转让，为商标权的流转提供了法律保障。但对于集体商标与证明商标，由于这种商标的商标权人均不是实际使用商标的人，而是为了保障集体商标制度与证明商标制度的客观公正，故这种商标的申请不需要上述条件。

根据我国《商标法》的规定，自然人、法人或者其他组织在生产经营活动中，对其商品或者服务需要取得商标专用权的，应当向商标局申请商标注册。申请经批准后，即可取得商标专用权，成为商标权法律关系的权利主体。

以商标的使用对象为标准，商标可分为商品商标和服务商标。商品商标，是指商品的生产者或者经营者在其生产、制造、加工或者经营的商品上使用的图标，用于识别商品提供者，该种商标的使用对象为商品，是商标最基本的表现形式。服务商标，是指服务项目的经营者在其提供的服务项目上使用的商标，使用对象是服务项目。商品商标和服务商标在注册的原则、使用方式、使用对象、使用领域等方面存在一定的区别。

以商标的构成要素为标准，商标可以分为可视性商标和非可视性商标。商标法规定，可以作为商标的构成要素的有：文字、图形、字母、数字、三维标志、颜色组合和声音等，以及上述要素的组合。可视性商标，是指通过人们的视觉能够观察、感知到的商标。可视性商标的构成要素是可视性的文字、图形、颜色、三维标志及其组合。可视性商标主要有平面商标、立体商标。平面商标包括文字、图形、数字、颜色和组合商标；立体商标主要是指由长、宽、高三维标志组成的立体物标志的商标。非可视性商标，主要是指能被视觉之外的听觉、味觉感受到的商标。在我国，声音可以作为商标，但是味觉不能作为商标。

以不同的使用目的为标准，商标可以细分为集体商标、证明商标、联合商标和防御商标，每一种都有其独特的价值和作用。集体商标，通常是以某个团体、协会或组织的名义注册，目的是让该组织的成员在商事活动中使用，以此表明他们是该组织的成员。这种商标不仅代表了成员与组织的紧密联系，还体现了组织的凝聚力和品牌形象。由于集体商标的所有权属于集体组织，因此它不能私自转让，这是为了保护组织的权益和确保商标的正确使用。证明商标，又被称为保证商标，这种商标的特点是由对某种商品或服务具有监督能力的组织所控制。而使用该商标的个人或单位，必须达到组织设定的特定标准或要求。证明商标的主要目的是为消费者提供关于商品或服务来源、制造方法、原料、质量等信息的保证，从而增强消费者的购买信心。联合商标，是一种商标战略，旨在防止他人使用和注册与主商标近似的商标。同一个商标所有人会在相同或类似的商品上注册多个近似商标，其中一个是实际使用的主商标，其他的则是联合商标。这种策略不仅增强了商标的保护力度，还为企业未来的发展预留了空间。需要注意的是，联合商标虽然可以分批次注册，但不能单独转让或许可。防御商标，则是为了保护驰名商标而采取的一种策略。驰名商标的所有人会在不同类别的商品上注册相同的商标，以扩大其保护范围。这样做可以有效防止其他企业或个人在不同类别的商品上使用相同或相似的商标，以便保护驰名商标的权益。

第二节 商标权的内容

一、商标权人的权利

商标权的内容的核心是商标的专有使用权，商标权人只能在被核定的商品或者服务上使用该商标，不得随意扩大使用范围；商标权利人有权禁止他人使用自己已经合法取得的商标；商标权人还可以将商标权转让或者许可他人使用，以获得经济效益。

（一）专有使用权

专有使用权是商标权的核心，它赋予商标权人在核定的商品或服务上独家使用其注册商标的权利。这一权利的界定对于保护商标权人的利益至关重要，同时也为消费者提供了辨别商品或服务的依据。在商标法中，对于注册商标的专用权有着明确的规定，即该权利仅限于核准注册的商标和核定使用的商品或服务。商标权人必须严格遵守这一规定，不得擅自扩大商标的使用范围。一旦商标的使用超出了核定的范围，就可能导致消费者对商品或服务的来源产生混淆，进而损害商标权人的利益。为了确保商标专用权的合法行使，商标法还规定了商标权人的义务。首先，商标权人必须对其注册商标进行有效的管理和维护，防止他人侵权。其次，商标权人必须保证其商品或服务的质量，以满足消费者的需求。如果商标权人未能履行这些义务，可能会导致商标专用权的丧失。

专有使用权有两方面的含义：只有经法律允许的商标权人可以使用该注册商标；商标权人只能在法律允许的范围内使用。

（二）禁止权

商标权人在享有其注册商标专有使用权的同时，也承担着保护商标权益的责任。根据商标法规定，商标注册权人不仅有权禁止他人在同一种商品上使用与其注册商标完全相同的商标，还有权阻止他人在类似商品上使用与其注册商标相似或易混淆的商标，以保护商标独特性和消费者的权益。商标禁止权是指权利人有权禁止他人擅自将与注册商标相同或相近的商标用于相同或者相近的产品上，此规定能够更好地保护商标权人和消费者的权利。如果未经许可直接使用，商标权人有权禁止，还可以通过行政主管部门或者法院寻求法律的保护。

（三）使用许可权

使用许可权，是指商标权人通过签订许可合同，许可他人使用其注册商标的权利，一般该行为不会排斥商标所有权人自己行使权利。

（四）转让权

转让权，是指商标权人依法享有的将其注册商标依法定程序和条件转让给他人的权利。商标注册人可将在法定期限内对其注册商标享有的法律保护的权利转让给他人。

（五）标示权

商标注册人拥有在核定商品或服务上独家使用其注册商标的权利，这一权利是受到法律保护的。为了标明其商标的注册状态，商标注册人有权在商品、包装、说明书以及其他附着物上标注"注册商标"字样或者注册标记。这样的标注有助于提醒消费者该商标已经注册，并增强了消费者对商标的信任感。然而，有些情况下在商品上直接标注"注册商标"可能不太方便。例如，对于一些小型商品或者精细工艺品，在商品本身上标注可能会影响其美观或者实用性。在这种情况下，商标注册人可以选择在商品包装、说明书或者其他附着物上标注"注册商标"。这样做不仅满足了法律规定的要求，还能确保消费者在购买商品时能够了解到该商标的注册状态。

二、商标权人的义务

商标权人在行使其注册商标专用权时负有如下义务。

（一）对使用商标的商品质量负责

我国《商标法》第 7 条第 2 款规定："商标使用人应当对其使用商标的商品质

量负责……"[1] 这是我国《商标法》规定商标使用权人必须履行的一项重要义务。商标权人认真履行这一义务，既是对消费者负责的具体体现，也是维护商标信誉、扩大商品销路的关键。在商标许可使用中，商标权人扮演着至关重要的角色。他们不仅需要慎重选择被许可使用人，更需要对其注册商标所涉及的产品或服务的质量实施严格的监督。这是因为商标不仅是商标权人的无形资产，更是消费者辨别商品或服务的依据。商标权人绝不能只追求经济利益，而不重视对消费者权益的保护。一旦商标权人疏于履行其监督义务，对使用其注册商标的商品粗制滥造、以次充好，从而欺骗消费者，各级工商行政管理部门将依法采取行动。根据违规行为的严重程度，管理部门可责令商标权人限期改正，并对其进行通报或处以罚款。更为严重的情况下，商标局甚至会撤销其注册商标，这意味着商标权人将失去该商标的专有权。这一系列的处罚措施是为了确保商标许可使用的规范性和公平性，维护消费者的合法权益。商标权人应当明确，只有确保商品或服务的质量，才能维护自己的品牌形象，进而实现持续的发展。

（二）法定注册商标的商品，未经注册不得销售

未注册的商标虽然可以使用，但不能取得商标专用权。国家规定必须使用注册商标的商品，当事人必须申请商标注册，未经核准注册的，不得在市场销售。

（三）注明"注册商标"字样或者标明注册标记

我国《商标法》第 49 条第 2 款规定，注册商标成为其核定使用的商品的通用名称或者没有正当理由连续 3 年不使用的，任何单位或者个人可以向商标局申请撤销该注册商标。商标局应当自收到申请之日起 9 个月内作出决定。有特殊情况需要延长的，经国务院工商行政管理部门批准，可以延长 3 个月。商标的使用，是指将商标用于商品、商品包装或者容器以及商品交易文书上，或者将商标用于广告宣传、展览以及其他商业活动中，用于识别商品来源的行为。使用注册商标时应当注明"注册商标"字样或者标明注册标记。

---

[1] 中国政府网. 中华人民共和国商标法 [EB/OL]. （2020-12-24）[2024-01-19].https://www.gov.cn/guoqing/2020-12/24/content_5572941.htm.

（四）办理相关手续

商标获得授权后，不得自行改变注册商标的文字、图形或者其组合；不得自行改变注册商标的注册人名义、地址或者其他注册事项；不得自行转让注册商标；许可他人使用其注册商标，应签订商标使用许可合同，并将合同副本送交工商行政管理部门存查；放弃的注册商标应当办理申请注销手续。

（五）缴纳规定的各种费用

商标权人在办理有关申请商标注册、转移注册、续展注册等时，应按照《关于执行商标业务收费标准具体办法的通知》缴纳申请费、商标注册费、转移注册费和续展注册费等。

三、商标权的期限、续展与终止

（一）商标权的期限

商标权的期限是指商标权受法律保护的期限。世界各国对于商标权的期限作出了长短不一的规定，基本上集中在5年到20年。我国《商标法》第39条规定："注册商标的有效期为10年，自核准注册之日起计算。"[1]

（二）商标权的续展

商标权的续展又称注册商标的续展，是指通过法定程序延长注册商标有效期的法律制度。

保持商标权长期有效，不仅有助于鼓励企业不断提高商品或服务的质量，努力培育驰名商标，而且有利于维护消费者的长远利益和建立公平竞争的社会经济秩序。世界各国都有商标续展的规定，但续展的方式各不相同。

在我国，注册商标有效期届满后不会自动续展，而是要由商标权人向商标局提交商标续展注册申请书。商标局核准商标注册续展申请后，发给相应证明，并予以公告。此外，我国法律对商标续展的次数并无限制，因此商标权人可通过不断申请而获得注册商标的永久专用权。

---

[1] 中国政府网.中华人民共和国商标法[EB/OL].（2020-12-24）[2024-01-19].https://www.gov.cn/guoqing/2020-12/24/content_5572941.htm.

(三)商标权的终止

商标权的终止,又称商标权的消灭,是指注册商标专用权因法定事由的发生而归于消灭。

根据我国法律的规定,商标专用权终止的原因主要包括宣告无效、注销和撤销。

1. 注册商标被宣告无效

注册商标无效,是指因违反《商标法》有关核准注册条件的规定,而被商标主管机关宣告其效力归于消灭的制度。依照我国法律规定,宣告无效包括以下几种。

(1)任何人申请的无效宣告。已经注册的商标,违反《商标法》禁止注册条款,或以欺骗或以不正当手段取得注册的,由商标局宣告该注册商标无效;其他单位或者个人可以请求商标评审委员会宣告该注册商标无效。我国《商标法》第44条规定:"已经注册的商标,违反本法第4条、第10条、第11条、第12条、第19条第4款规定的,或者是以欺骗手段或者其他不正当手段取得注册的,由商标局宣告该注册商标无效;其他单位或者个人可以请求商标评审委员会宣告该注册商标无效。"[1]

(2)在先权利人或利害关系人申请的无效宣告。已经注册的商标,损害他人合法权益,在先权利人或者利害关系人可以请求商标评审委员会宣告该注册商标无效。《商标法》第45条规定:"已经注册的商标,违反本法第13条第2款和第3款、第15条、第16条第1款、第30条、第31条、第32条规定的,自商标注册之日起5年内,在先权利人或者利害关系人可以请求商标评审委员会宣告该注册商标无效。对恶意注册的,驰名商标所有人不受5年的时间限制。"[2]

2. 注册商标的注销

注册商标的注销,是指因商标权人的原因引起的商标权终止。此种情形下,导致商标权消灭的原因来自商标权人,商标主管机关仅仅进行备案。根据我国法律规定,注销包括以下情形。

(1)主动申请注销。商标权人自愿放弃商标权,向商标权提出注销申请。

(2)过期注销。注册商标有效期满,且已过宽展期,商标注册人未提出续

---

[1] 中国政府网. 中华人民共和国商标法 [EB/OL].(2020-12-24)[2024-01-19].https://www.gov.cn/guoqing/2020-12/24/content_5572941.htm.

[2] 中国政府网. 中华人民共和国商标法 [EB/OL].(2020-12-24)[2024-01-19].https://www.gov.cn/guoqing/2020-12/24/content_5572941.htm.

展申请或续展申请未被核准的,监管部门注销其注册商标。

(3)无人继承注销。注册商标有效期内,因注册商标主体被撤销、解散、破产及其他原因而关闭,或者因注册商标主体死亡而在法定期限内无人继承的,由商标局注销其注册商标。注册商标因商标注册主体死亡或终止而被注销的,该注册商标专用权自商标注册主体死亡或终止之日起立即终止。

3. 注册商标的撤销

注册商标的撤销,是指商标主管机关或商标仲裁机关对违反商标法有关规定的行为予以处罚,使原注册商标专用权归于消灭的程序。商标权的终止,可由商标主管机关主动行使行政监督权引起,也可由权利人向商标主管机关提出申请进而启动监管引起。注册商标被撤销、被宣告无效或者期满不再续展的,自撤销、宣告无效或者注销之日起一年内,商标局对与该商标相同或者近似的商标注册申请,不予核准。

无论是宣告无效、注销还是撤销,都应由商标主管机关收缴其注册证,并予以公告,其商标权即告终止。三者的区别是:(1)商标权终止的原因不同。宣告无效的注册商标是商标不适格、商标申请手段不合法或者损害他人合法权益导致的;注销注册商标是商标权人自动终止其商标权;撤销注册商标是有关机关采取强制手段终止权利人商标权。(2)商标权终止的时间不同。宣告无效的注册商标,该注册商标专用权视为自始即不存在;注销注册商标,商标权从注销公告之日起终止,注销公告以前的商标权是有效的;被撤销的注册商标,该注册商标专用权自公告之日起终止。

第三节 商标权的质押

一、商标权质押的概念与特性

(一)商标权质押的概念

质押作为一种传统的债务担保形式,其历史可谓源远流长。早在古罗马时期,就已经出现了类似于质押的信托让与制度,然而当时还未形成"质押"这一概念。

在中国，质押制度的出现也很早，无论是动产、不动产还是人身均可设质，只是在不同的历史时期，其名称和性质范围有所不同。要理解质押的本质，首先需要明确其定义。质押，是指债务人或第三人将其动产、不动产或权利凭证交付给债权人占有，以此作为债权的担保。当债务人不履行债务时，债权人可以对该动产、不动产或权利凭证进行折价、拍卖或变卖，并优先受偿。在质押法律关系中，享有债权的人被称为质权人，提供担保财产的债务人或第三人为出质人，而用于担保的动产、不动产或权利凭证则被称为质物。除了动产、不动产质押外，权利质权也是质押的一种重要形式。权利质权是指除所有权和不动产用益物权之外，具有可让与性的以债权、股权、知识产权中的财产权为标的，为债权的担保。这种质权在法律适用上准用关于动产和不动产质权的规定。权利质权的特点在于其标的为权利，而非实物。这种担保形式在现代金融领域中尤为重要，例如股票、债券等金融资产的质押。在现代社会中，随着经济的发展和金融市场的不断扩大，质押作为一种有效的债务担保形式被广泛应用。无论是个人还是企业，都可以通过质押来获取资金或增加自身信用。同时，质押也为债权人提供了一种保障，确保其借款能够得到有效担保。然而，质押也存在一定的风险。对于债权人而言，如果债务人无法履行债务，其将面临无法优先受偿的风险。对于出质人而言，如果其提供的担保物价值不足或者被重复质押，也可能导致其承担相应的法律责任。因此，在实践中，各方当事人应当充分了解质押的法律风险，并采取相应的措施来规避风险。

随着经济的发展和金融市场的日益活跃，质押作为一种担保形式在商业活动中扮演着越来越重要的角色。其中，商标权质押作为一种特殊的质押形式，逐渐受到人们的关注。那么，什么是商标权质押？其与传统的质押形式有何不同？首先我们要明确什么是商标权质押。商标权质押是指债务人或第三人为保证到期债权的实现，将其所拥有的商标专用权作为质押标的，登记在相关机构进行公示，并在债务人到期不履行债务时，债权人有权依法对登记的商标专用权进行拍卖、变卖，并优先受偿。这种质押形式的核心在于以商标专用权作为担保，为债权人提供了一种新的担保物权，从而增加了债务履行的保障。与传统质押形式相比，商标权质押具有其独特之处。首先，商标权作为一种无形资产，其价值难以量化，但其质押却能够为债权人提供一种有效的担保方式。这是因为商标专用权具有较高的商业价值，一旦债务人违约，债权人可以通过拍卖、变卖等方式获得相应的赔偿。其次，商标权质押有利于促进企业融资。对于拥有著名商标的企业而言，商标权质押可以为其提供更多的融资机会，从而扩大企业的经营规模和市场份额。最后，商标权质押还有助于提升企业的品牌价值和市场竞争力。通过商标权的质押，企业可以进一步巩固和提升其品牌形象，增强消费者对其产品的信任度和忠诚度。然而，商标权质押也存在一定的风险。第一，商标专用权的价值评估是一个复杂的过程，需要考虑诸多因素，如商标的知名度、市场占有率、企业的经营状况等。第二，商标权质押的登记和公示制度需要进一步完善，以确保交易的公平性和透明度。第三，在质押期间，如果商标专用权受到侵犯或产生纠纷，可能会对债权人的利益造成影响。因此，在商标权质押过程中，各方当事人应当充分了解风险，并采取相应的措施来规避风险。

（二）商标权质押的特性

1. 商标权质押是以商标权为权利标的权利质押

商标权质押作为权利质押的重要一环，其本质是商标权的财产性。商标权，即商标所有人对其商标的专有使用权，在我国表现为注册商标专用权。商标作为商标的物质载体，其权利质押标的的属性使其具备了财产权的特性。商标的显著的可区分标记性所产生的排他性、独占性以及绝对性等特征使商标权具有直接的经济价值和潜在的经济收益。商标权的价值主要通过直接使用、许可使用、转让和作为资本获得经济价值等方式体现。作为商标权质押权利标的的商标权，其内容主要包含专有使用权、禁止权、转让商标的权利和许可他人使用的权利等几个方面。

2. 商标权质押制度自身具有较高的风险性

商标权质押作为权利质押的一种形式，相较于其他质押方式，具有较高的风险性。这种风险性主要体现在商标价值的波动性和不稳定性上。商标作为区别于其他商品、服务的可视性标志，其价值主要体现在商品或服务上，以及所体现的商誉上。然而，商标的价值并不是固定不变的，而是受到多种因素的影响，如经营者的经营状况、经营策略、产品或服务质量等。商标价值的波动性主要来源于市场环境的变化和消费者需求的转变。在市场竞争激烈的环境下，如果企业的产品或服务质量出现问题，或者未能跟上市场需求的变化，可能会导致商标价值的下降。此外，消费者对于品牌的认知和忠诚度也会影响商标的价值。如果消费者对于某一商标的认知度和忠诚度下降，该商标的价值也可能随之下降。经营者的经营状况和经营策略也会对商标价值产生影响。企业的经营状况良好，商誉较高，商标的价值也会随之提升。反之，如果企业经营状况不佳，甚至出现破产等情况，商标的价值可能会大幅下降。此外，经营者的经营策略也会影响商标价值的稳定性。例如，企业如果过于依赖单一的产品或市场，一旦该产品或市场出现问题，可能会对商标价值产生较大影响。

二、商标专用权质押

（一）我国商标专用权质押存在的问题

商标专用权质押在国外发达国家的发展较为成熟，这与他们完善的立法规定、健全的法律体系以及完善的商标专用权质押交易市场密不可分，为这些国家的商标专用权质押发展提供了许多便利条件，也为质押交易的顺利进行提供了坚实的保障。以欧洲的法国和意大利为例，这两个国家的商标专用权质押制度发展得相当完善。在法国，商标法规定了商标权质押的相关内容，明确了质押的设立、登记和公示等程序。同时，法国还设立了专门的商标权质押登记机构，为商标专用权质押的交易提供便捷的服务。而在意大利，不仅有完善的商标法体系，还有健全的知识产权法律制度，为商标专用权质押提供了全面的法律保障。而在这些国家中，商标专用权质押贷款已经成为企业融资的重要途径之一。据统计，在法国和意大利，商标专用权质押贷款的比例已经占据总贷款额的10%，甚至更高。这充分说明了商标专用权质押在这些国家的发展已经相当成熟，为企业融资提供了新的渠道。然而，与这些发达国家相比，我国的商标专用权质押发展还处于起步阶段。由于发展时间较短，我国的商标专用权质押法律体系尚未健全，难以充分保障质押当事人的权益。此外，我国的商标专用权评估体系也尚未完善，这使得我们在商标专用权质权的实现上存在一定的困难。要解决这些问题，首先需要完善我国的商标专用权质押法律制度。立法机关应加强对商标法的修订和完善，明确商标专用权质押的相关规定，为质押交易提供明确的法律依据。同时，还需要建立和完善商标专用权评估体系，制定科学合理的评估标准和程序，确保评估结果的客观性和公正性。政府还应加强对商标专用权质押交易市场的监管和引导。通过制定相关政策，鼓励和促进企业利用商标专用权进行质押融资，推动市场的健康发展。同时，还应加强对市场的监管力度，防止不正当竞争和违规操作行为的发生，维护市场的公平和秩序。

1. 不健全的商标专用权评估体系

《注册商标专用权质权登记程序规定》要求质押双方在登记时提供商标价值评估报告，但商标价值的评估面临诸多挑战。首先，品牌价值受到多种因素影响，且随着市场发展波动性较大，准确评估十分困难。其次，我国的商标专用权评估体系存在诸多问题，如缺乏规范、专业人才和成熟机构，以及监管不足等。最后，评估人员的专业能力和实践经验对于评估结果至关重要，但目前评估人员素质参差不齐，专业人才缺口大，老龄化现象严重，高学历人才缺乏，制约了评估行业的发展。因此，完善商标专用权评估体系，提高评估人员素质，是推动商标专用权质押发展的关键。

我国商标专用权评估机构发展尚未成熟，主要表现为机构数量少、分布不集中、业务经验不足以及缺乏独立性和专业性。这导致了商标专用权评估操作不规范、结果偏差等问题。为了解决这些问题，我们需要进一步发展建设商标专用权评估机构，并完善相关监管体系。首先，应制定针对性的监管规范，加强对评估人员和机构的资质审查以及操作监管。其次，应加强行业自律，提高评估人员的专业水平和评估机构的规范性。最后，还应明确评估法律责任，细化相关规定，确保评估责任能够得到有效追究。通过这些措施，我们可以推动商标专用权评估的规范化发展，为商标专用权质押活动的开展提供有力保障。

2. 商标专用权质权实现较为困难

（1）交易市场建设滞后

在我国商标专用权质权的实现过程中，商标专用权的折价、拍卖与变卖均需要在特定的交易市场中进行。然而，我国现有的质押交易市场中，商标类业务的发展相对滞后，与综合类、专利类和版权类业务相比，其成熟度和规模都有待提升。首先，我国注册商标数量庞大，但抢注行为难以得到有效遏制。这导致许多企业错过了注册机会，只能在商标交易市场上高价购买商标。这种状况不仅增加了企业的成本，还可能引发商标纠纷和市场混乱。为了解决这一问题，政府和相关部门应当加强对商标注册的监管，打击恶意抢注行为，保障公平竞争的市场环境。其次，我国商标专用权质押的二手交易市场相对狭窄，流通性不足。这主要因为缺乏政府的引导和规范。在实践中，市场定位模糊和交易方式单一等问题也制约了质押交易市场的扩大。为了提升市场效率，促进商标专用权质押交易的发展，政府应当发挥引导作用，明确市场定位，推动多样化的交易方式，并建立规范化的交易流程。最后，为了提高商标专用权质押交易的规模和成交效率，我们还需要关注以下几个方面：一是加强相关法律法规的建设和完善，为商标专用权质押交易提供法律保障；二是加强知识产权保护意识，提高社会对商标价值的认识；三是推动商标评估体系的建设，为质押交易提供科学合理的价值评估依据；四是加强市场监管，防止不正当交易和欺诈行为的发生。

在质押交易市场中，平台建设的重要性不言而喻。一个完善、公正、透明的交易平台能够为质押交易提供坚实的支撑，确保交易的顺利进行。然而，在我国，质押平台的建设还处于相对落后的状态，尤其在商标专用权质押交易平台方面，其建设不足的问题更为突出。我国早在 2007 年就出台了《建立和完善知识产权交易市场的指导意见》，为知识产权交易平台的建设提供了法律依据。然而，尽管经过了十多年的发展，知识产权交易市场，尤其是商标专用权质押交易平台的建设仍未达到成熟的阶段。目前，我国主要的商标专用权质押交易平台大多为企业主导设计的网站，如龙凤标局、中国商标交易网、一手商标网等。这些平台建立时间较早，运营时间较长，多由企业或商标代理机构主导运营。这些平台在实践中出现了一系列问题。例如，有些平台为了追求更高的利益，可能会隐瞒某些商标的信息，或者在交易过程中进行不公平的定价。此外，这些由企业主导的商标专用权质押交易平台还存在其他问题。例如，由于缺乏统一的标准和规范，各平台的交易规则、信息披露方式等都有所不同，给交易者带来了一定的困扰和不便。同时，由于缺乏权威的评估机构和科学的评估体系，各平台对商标价值的评估也存在较大的差异，影响了交易的公平性和准确性。为了解决这些问题，我国政府已经在逐步加强对商标专用权质押交易平台的监管。例如，2017 年印发的《关于深入实施商标品牌战略推进中国品牌建设的意见》中强调了对商标专用权质押交易平台的监管。然而，目前这些措施仍未取得显著的成效。商标专用权质押交易平台的建设仍然滞后，难以满足市场的需求。

（2）实现途径单一

在我国，商标专用权质权变现的途径目前主要限于折价、拍卖和变卖。然而，这些方式在实际操作中面临一些限制和挑战。例如，折价方式往往不适用于企业与银行这一质押模式，因为银行无法继续经营商标专用权。拍卖方式虽然公开透明，但成功案例并不多。而变卖方式则可能无法充分实现商标专用权的价值。考虑到商标专用权的特殊性和其价值与商品服务信誉的紧密联系，简单地通过折价、拍卖和变卖来变现可能会损害其价值，不利于保障质权人的债权实现。此外，这些模式在我国的发展尚不成熟，平台建设有待加强。因此，我国有必要在法律允许的范围内拓宽质权实现的途径，为当事人提供更多选择，以保障质押交易的安全。这不仅可以最大化商标专用权质权的实现，还有助于完善我国的商标专用权质押体系。通过创新和多样化的质权实现方式，我们可以更好地平衡各方利益，促进知识产权的转化和应用。

（二）国外商标专用权质押立法司法及启示

1. 大陆法系国家商标专用权质押立法

（1）德国

在大陆法系国家中，德国作为其中的代表，其民法典深受罗马法的影响，并对物的分类有着独特的见解。在德国民法典中，动产与不动产的划分清晰，而在动产的定义中，权利并不被包含其中。然而，德国民法典对权利质权制度进行了专章的规定，使得动产质权的规定在权利质权未详尽之处得以适用。这一做法既体现了德国民法典的严谨性，也展现了其在法律适用上的灵活性。德国民法典第1274条第2款的规定明确了权利质权的范围，即只有可依法转让的权利才能设定权利质权。这一规定为权利质权的设立设定了门槛，确保了质权人的权益能够得到保障。其中，商标专用权等知识产权作为可依法转让的财产权，自然也被纳入了权利质权的范畴。这一规定为商标专用权质押提供了法律依据，也标志着德国在知识产权质押领域迈出了重要的一步。

在德国的商标法中，商标被视为商标所有者的财产权利，其价值体现在注册和使用过程中。因此，商标可以作为权利标的用以质押，并受到法律的保护。这一规定不仅确认了商标的财产属性，还为其作为质押标的提供了法律支撑。德国商标法第 29 条进一步明确了商标专用权质押的具体操作。在向专利局证明商标专用权的权利后，应由其中一名当事人提出申请，并在相关商标登记簿上注明。这一规定确保了商标专用权质押的公示性，也为质权人提供了保障。同时，德国对商标专用权质押行为采取登记生效模式，这一做法有助于保护交易的安全和稳定。关于可质押的商标类型，德国商标法规定注册商标和未注册驰名商标均可用于质押。然而，对于集体商标和证明商标是否可用于质押，德国商标法并未明确规定。这在一定程度上留下了法律适用的空间，也为未来的法律发展留下了可能性。在商标转让方面，德国规定经注册的商标作为权利依法进行转让时，既可部分转让也可全部转让。但要求商标在转让时需和商品有关的商品或者服务一同进行，不可单独转让。这一规定确保了商标与商品或服务的紧密联系，也避免了商标的滥用。同样地，在商标专用权作为质押的标的物进行转让时，也需要向有关部门提交申请，并进行登记方可生效。这一做法确保了质押行为的合法性和有效性。同时，商标专用权质押的规则与商标转让的规则类似，也需在设置质权时将与商标有关的商品或是服务一同转移，即不可单独质押。这一规定既保护了质权人的利益，也维护了市场的公平竞争秩序。

（2）法国

法国和德国同为大陆法系国家，但在质权制度上却展现出截然不同的特色。法国的质押法律体系相对完善，尽管其民法典中并未明确对权利质权进行规定，但相关内容却隐含在动产质权或不动产质权的规定中。与德国不同，法国将商标专用权视为动产质权的范畴，允许其进行质押。

在法国，商标专用权的质押受到《知识产权法典》的明确规范。根据该法典，商标专用权可以全部或部分进行质押，且质押过程需以书面形式进行。与德国要求商标与商品或服务一同质押的规定不同，法国对商标专用权的出质标的限制较为宽松，允许商标专用权单独质押或与商品的商誉共同质押。这种灵活性为质押权人提供了更多的选择，使其能够根据市场需求选择最合适的质押方式。法国的质押登记制度在保障质权人利益方面发挥着重要作用。依法进行质押登记的商标专用权，可以使质权人在实现质权时享有优先受偿权和起诉权。然而，法国的质押登记制度程序相对复杂，涉及多个行政机关，因此成本消耗较大。值得注意的是，法国对集体商标的质押进行了明确的限制。根据《知识产权法典》，集体商标不得作为转让、质押或其他强制执行的标的。这一规定与德国对集体商标质押的模糊态度形成鲜明对比。

2. 英美法系国家商标专用权质押立法与司法

（1）美国

美国作为全球科技创新的领跑者，其科技型企业发展模式成熟，且拥有完善的商标专用权质押体系。美国对商标专用权的立法历史悠久，最早可追溯至1881年的联邦《商标法》。在实践中，美国并未严格区分抵押与质押，但商标专用权质押活动依然顺利进行。法律适用上，美国实行独特的双轨制，即联邦法律与州法律并存。尽管《兰汉姆法》未对商标专用权质押作出具体规定，但《动产担保法》却在质押登记和登记效力等方面作出了详细规定。然而，双轨制下存在一定的法律冲突，导致担保质押法律行为效力的不统一。此外，美国要求商标专用权质押必须具备担保协议，并在相关主管部门登记，以对抗第三人。美国还拥有成熟的商标专用权质押交易平台和中介机构体系，如 M·CAM 公司提供的专业咨询与代理服务。总体来说，美国已建立起完备的商标专用权质押体系。

（2）英国

英国与美国虽然同为英美法系国家，但在商标专用权质押的法律规定上存在一定的差异。相较于美国复杂的双轨制，英国在商标质押规定上更加灵活和简洁。在英国，无论是已依法注册的商标还是未经注册的商标，都可以进行转让。在商标转让方面，英国法律给予了较大的灵活性。已注册的商标既可以单独进行转让，也可以连同商标所承载的商誉一同转让。而对于未注册的商标，在进行担保权利设定时，该商标专用权必须与商标所承载的商誉一起共同设定担保，不能单独进行。这种规定在一定程度上保障了质权人的利益，减少了商标专用权质权实现时可能产生的风险。然而，值得注意的是，尽管英国在商标的转让和担保权利设定方面较为灵活，但在英国的法律体系中，并没有明确的权利质权概念。在英国的法律观念中，权利是无体的动产，需要有一定的载体承载或者能被实际占有，才能作为质押担保的标的。否则，该质权将无法设定。

在实际操作中，商标专用权作为一种无体的动产，其载体难以明确为商标注册证书。商标注册证书仅仅是一个证明该商标已在行政主管部门登记、并受到法律保护的简单凭证。它不像支票、债券等有体动产那样可以被实际占有。因此，在英国的法律体系中，商标专用权不能被实际占有。但英国法律通过一种特殊的方式解决了这个问题：在商标专用权的基础上，以财产负担的形式设定担保权利。这种方式不需要通过转移占有的方式来实现，只需要通过合同的规定。当债权实现时，依据合同规定，通过诉讼的方式对商标进行拍卖处分，从而实现债权的一种担保利益。这种做法体现了英国法律对于商标专用权质押的独特理解和处理方式。它既确保了商标的价值得到充分的利用和发挥，又在一定程度上保障了当事人的合法权益，减少了交易风险。

3. 国外商标专用权质押对我国的启示

域外国家在知识产权经济发展方面具有较为丰富的经验，其商标专用权质押制度相对完善。通过对域外国家商标专用权质押的立法与司法实践进行考察，我们可以从中获得启示，进一步完善我国商标专用权质押制度。域外国家对商标专用权质押的概念并不严格区分抵押或质押。这主要是因为担保利益与担保交易的抽象概念在实践中更加重要。无论是抵押还是质押，核心目的是通过担保债务来保障债权实现。尽管各国在商标专用权质押的法律性质上存在差异，但这并不妨碍其质押活动的正常开展。域外国家在商标专用权质押的立法工作方面做得较为出色，规定详尽且具备可行性。以美国为例，其通过制定《商标法》对商标专用权质押进行了规定，明确了质押的条件、程序和权利义务等方面的内容。此外，美国还设立了专门的商标权质押登记机构，方便当事人进行质押登记和查询。这种完善的立法体系为商标专用权质押活动的开展提供了有力的法律保障。对于我国而言，将商标专用权质押规定为权利质权是符合国际惯例的。然而，无论是否明确商标专用权质押的法律性质，重点应在于建立完善的法律规范，使质押活动有法可循。因此，我们可以借鉴域外国家的成功经验，对商标专用权质押的法律规定进行完善。具体而言，我国可以制定更加详细的《商标法》或相关法规，明确商标专用权质押的各项规定。例如，可以规定商标专用权质押的具体条件、程序、权利义务等内容，为当事人提供明确的操作指南。此外，设立专门的商标专用权质押登记机构也是必要的，以便当事人进行质押登记和查询。除了立法层面的完善，司法实践中对商标专用权质押的认定和处理也是至关重要的。在这方面，我们可以借鉴域外国家的做法，如美国的联邦商标法院和欧盟的异议程序等，建立适合我国国情的商标专用权质押纠纷解决机制。通过公正、高效的司法处理，可以有效保障当事人的合法权益，促进商标专用权质押市场的健康发展。

在商标专用权的质押立法上，域外国家如美国、德国和法国等均具备较为完善的立法体系。这些国家的商标专用权质押法律规定多以法典形式呈现，确保了商标专用权质押交易活动的规范化和法制化。在立法内容上，这些国家也较为具体，对商标专用权质押的设立、登记及原则等都做了详细规定。在商标专用权的质押标的范围上，德国和英国的做法值得借鉴。德国与英国明确了未注册的商标可以依法进行转让，这不仅限于已注册的商标。这种做法使未注册商标的价值得以有效利用，为商标专用权人提供了更多权益保障的可能性。此外，对于集体商标和证明商标是否可以用于质押的问题，法国在《知识产权法典》第L.715—2条中明确规定集体商标不可进行转让和质押，而英国对证明商标的转让也有严格限制，要求必须经过注册官的同意方可生效。这些国家的做法通过明确的立法对商标专用权质押标的范围进行规定，有助于确保商标专用权质押交易活动的有序进行，防止了商标专用权的滥用和不当使用。在登记主义的选择上，不同国家的做法也存在差异。德国选择了较为保守的登记生效主义，而法国则是登记生效加对抗主义。相比之下，美国的商标专用权质押发展则后来居上，形成了较为完善的商标专用权质押担保体系。这表明登记对抗主义下更利于商标专用权质押交易的发展，能够提高商标专用权质押交易的效率。这种登记对抗主义允许双方当事人通过意思自治的方式达成合意并进行登记，赋予了当事人更大的自主权和灵活性。此外，登记对抗主义还能够降低行政干预和烦琐的程序，减少交易成本和时间，提高交易效率。

（三）完善我国商标专用权质押的建议

1. 完善商标专用权质押评估体系

在商标专用权评估人员的建设上，我们需要从多个维度进行深入的探讨和规划。提高评估准入门槛是关键。当前，由于缺乏统一和严格的考核机制，商标专用权评估行业的门槛相对较低，这导致从业人员的专业水平参差不齐。为了改变这一现状，我们需要制定更为严格的考核标准，确保只有具备足够专业知识和技能的评估人员才能执业上岗。这不仅要求评估人员具备量化评估商标专用权价值的能力，还需要他们具备对风险评估进行非量化定性分析的能力。这种综合性评估技能的培养需要经过系统的学习和实践，以确保评估结果的准确性和可靠性。

针对评估从业人员老龄化的问题，与高校合作是有效的解决方案。在高校开设商标专用权评估专业课程，可以为学生提供专业的知识和技能培训，同时为评估行业注入新鲜血液。通过与高校建立合作关系，评估机构可以为高校学生提供实践实习平台，使他们在实际操作中锻炼和提升自己的评估技能。这种合作模式不仅有利于人才的储备和培养，也有助于提高评估行业的整体水平。在提高评估从业人员的学历方面，我们可以采取多种措施。一方面，评估机构可以鼓励在职人员通过进修等方式提高学历水平，提供相应的培训和激励机制。另一方面，为高学历人才提供专门的薪酬和福利待遇，可以吸引更多的高素质评估人才加入行业中来。通过提高评估人员的学历水平和专业技能，我们能够进一步提升商标专用权评估的准确性和可靠性。此外，定期开展商标专用权评估专业知识培训也是非常必要的。随着市场环境和法律法规的不断变化，评估人员需要不断更新自己的知识和技能。通过定期的培训和学习，评估人员可以及时了解最新的评估方法和标准，提升自己的职业技能和素养。这种培训不仅可以提高评估人员的专业水平，也有助于增强他们的责任感和职业道德，为商标专用权质押活动提供更加完善的评估服务。

在商标专用权评估机构的建设上，我们需要采取一系列措施来规范和提升其服务质量。首先，行业协会可以发挥牵头作用，定期组织交流活动，让各个评估机构之间互相学习和分享经验。通过实践中的优秀案例，为其他评估机构提供参考和建议，从而促进其业务能力的提升和发展水平的提高。这种交流机制不仅有助于提升单个评估机构的专业水平，还有助于整个行业的发展和进步。其次，我们需要将商标专用权评估从综合的资产评估机构中独立出来，建立独立且专业的商标专用权评估机构体系。这种独立性不仅有助于提高评估的准确性和专业性，还能够避免与其他资产评估业务的混淆和交叉。为了实现这一目标，我们需要制定独立规范的评估机构管理制度，确保商标专用权评估业务的独立性和专业性。通过这样的措施，我们可以进一步提升商标专用权评估机构的整体质量和水平。再次，由行业协会共同制定详细的商标专用权评估机构发展实施细则也是非常必要的。这些细则应该对评估机构的成立和运营提出严格要求，确保其具备相应的专业能力和资质。通过提高商标专用权评估机构的质量，我们可以进一步规范整个行业的服务水平，提高评估结果的准确性和可靠性。同时，这些细则还应该包括对评估机构的责任承担能力的要求,强化其责任感和职业道德,确保在商标专用权质押活动中能够提供高质量的评估服务。最后,我们还需要在商标专用权评估机构的业务开展上制定严格统一的操作规范。这些规范应该涵盖评估的全过程,包括评估方法的选用、数据的采集和处理、结果的呈现和报告等。通过规范化的操作,我们可以提高整体行业服务水平,确保评估结果的准确性和公正性。同时,这些规范还应该鼓励评估机构不断创新和完善,提高自身的专业能力和竞争力。

2. 健全交易市场

商标专用权质权的实现难,是当前质权人面临的一大挑战。要解决这一问题,首先应完善现有的商标专用权质押交易市场。市场是资源配置的重要场所,只有规范、透明、公正的市场环境,才能确保质权的顺利实现。具体而言,应建立商标专用权质押登记公示制度,使质权人在交易中能够更好地了解相关信息,降低交易风险。此外,拓宽商标专用权质权的实现途径也是必要的。除了传统的拍卖、变卖等方式,还可以探索协议转让等方式,使质权人能够更加灵活地处置质押的商标专用权。同时,政府和相关部门也应给予一定的政策支持和引导,鼓励更多的市场主体参与商标专用权质押交易,从而增加市场的活跃度和流动性。通过以上措施,不仅可以使商标专用权质权得以顺利实现,保障交易安全,还能提高质押交易活动的效率,进一步推动我国商标专用权质押体系的完善。这对于优化营商环境、促进知识产权的运用和保护都具有重要意义。

(1)发展交易市场

为了保障商标专用权质权的实现,应积极发展并完善现有的商标专用权质押交易市场。这不仅需要政府出台相关政策进行扶持和引导,还需要构建专门的交易平台,实现多主体参与和一站式服务。此外,加强市场监管,实现服务规范化和监管法制化,也是保障交易安全和促进商标专用权质押活动健康发展的重要措施。在此基础上,我们还应探索开拓海外市场,构建海外商标专用权质押交易平台,以提升我国商标专用权在国际上的竞争力。通过这些努力,我们可以进一步完善我国的商标专用权质押体系,为商标专用权质权的实现提供更加全面和高效的支持。

(2)拓宽商标专用权质权实现途径

商标专用权质权实现途径的单一化已无法满足当前市场需求,为保障质权顺利实现，需创新质权实现方式。其中，商标专用权许可使用质权实现途径具有较大优势，通过质押双方协商，将出质商标许可第三人使用，被许可人支付许可使用费以清偿债务。这种方式既能使出质人清偿债务，又能提升商标知名度，增加市场份额。对于质权人，该途径成本低、效率高，保障了其债权实现。因此，商标专用权许可使用质权实现途径是一种多赢的方式，值得推广。

第六章　知识产权质押融资风险防范的完善

本章为知识产权质押融资风险防范的完善，主要从完善知识产权质押融资法律制度、建立知识产权质押评估体系、设立知识产权质押融资保险、鼓励多方参与共担风险四个方面展开研究。

第一节　完善知识产权质押融资法律制度

知识产权质押融资具有特殊性，尽管我国立法明确了权利质权同样适用动产质权法律规范的原则，但是这一笼统的规定并不能解决知识产权质押融资实践中存在的具体问题。目前，我国知识产权质押法律制度还不完善，在创新融资模式的同时，我们更要借鉴各国知识产权质押融资立法体例和实践经验，回归到知识产权质押法律基础问题的解决方法。为此，作者提出以下建议。

一、扩大知识产权质押标的范围

实践中，知识产权质押登记机关常常对于知识产权质押客体范围作出过多限制，使知识产权价值不能被充分利用。例如，专利申请权、商号权、商业秘密权、植物新品种权、集成电路布图设计权中的财产权等权利被排除在可质押客体范围之外。而事实上这些权利既是财产权，也具有可交易性，应当成为知识产权质押标的。在借鉴德国和日本的立法经验基础上，作者建议在有关知识产权担保的法律中进一步明确可质押的知识产权类型。我国在立法上采取"列举加概括"的策略，详细列出目前可作为质押标的的知识产权，如商标专用权、专利权、著作权等，并对这些权利的特性进行明确描述。同时，为应对未来可能出现的新型知识产权，立法中还需作出概括性的规定，确保法律的灵活性和前瞻性。具体来说，可以明确规定：任何依法可以转让的商标专用权、专利权、著作权、商业秘密权、植物新品种权、集成电路布图设计权中的财产权,以及其他可转让的知识产权中的财产权,均可作为权利质押的标的。这样的立法模式既能确保当前知识产权得到有效保护,又能为未来的知识产权质押提供法律依据。

二、制定知识产权质押融资实施细则及操作规程

知识产权质押涉及政府财政、工商、税务、经贸委、科技局、知识产权局等多个部门,有关法律法规实施的时间各有不同,司法保护范围和行政保护范围相互交叉,且力度各异。因此,作者建议,中国人民银行、国家知识产权局、国家版权局、国家工商行政管理总局商标局等有关政府部门共同制定知识产权质押融资实施细则等法律文件,成立由相关部门主办、其他部门参与的市场发展监督和管理委员会,实行知识产权政务公开,满足关于知识产权信息和服务的社会需求,支持知识产权交易市场的建设与发展。我国在立法中应当进一步明晰政府在知识产权质押融资活动中的定位和功能,政府应当逐步由知识产权质押融资的主导者转变为引导者。

政府财政资金作为公共资源的重要组成部分,其根本目的是满足社会的公共服务需求,而不是直接参与市场经营或承担市场风险。因此,政府财政资金本身并不具备承担知识产权质押融资成本的责任。这一原则性立场有助于确保公共资金的合理使用和避免不必要的市场干预。然而,考虑到实施知识产权战略和创新驱动战略的重要性,以及知识产权质押融资在推动这些战略中的作用,各级政府在初期阶段确实有必要通过风险承担、财政补贴等方式来推动知识产权质押融资的发展。这样的政策导向能够降低市场主体的风险预期,提高市场参与度,从而有助于知识产权质押融资市场的培育和发展。但长期来看,过高的风险分担或财政补贴比例可能会带来一些负面影响。过度的政策扶持可能会导致一些企业或中介服务机构产生"政策依赖症",甚至利用政策漏洞进行寻租行为。这不仅会扭曲市场信号,导致资源配置的低效和浪费,还可能引发虚假繁荣的短期效应,使市场失去真实的发展动力。更为严重的是,这种过度依赖政策扶持的市场环境不利于知识产权质押融资的良性发展,甚至可能对整个市场生态造成破坏。因此,政府在推动知识产权质押融资发展的过程中,需要把握好政策扶持的力度和节奏,既要注重发挥政策的引导作用,又要避免过度干预和"一刀切"的做法。要建立

健全的市场监管机制,加强对市场主体的培育和引导,推动形成健康、有序、可持续的知识产权质押融资市场环境。同时,还需要加强与其他政策工具的协调配合,形成政策合力,共同推动知识产权质押融资市场的健康发展。

三、完善知识产权质押登记和公示制度

知识产权质押登记是拟制占有的一种方式。我国采取的登记生效主义使登记成为知识产权质押程序上的重要步骤。实践中,知识产权质押登记操作由三大知识产权主管部门分散管理,存在实际操作繁琐和公示信息不够全面等现象。2014年8月23日,我国《企业信息公示暂行条例》公布。该条例旨在保障公平竞争,促进企业诚信自律。其明确规定,知识产权出质登记信息等应当向社会公示,并建立了企业信息即时公示制度,规定企业应当自信息形成之日起20个工作日内,通过企业信用信息公示系统向社会公示知识产权出质登记信息以及其他依法应当公示的信息。为此,在我国知识产权质押融资工作中,应当提高政府监管效能,加强企业信用约束,维护交易安全,扩大社会监督。

从实践经验来看,我国一些地区性知识产权公共信息综合服务平台已为实行知识产权质押融资的对象提供了关键的信息来源和后续的服务保障。应尽快建立全国性的、具有公信力的知识产权质押登记公示平台,由统一机构负责知识产权质押登记,建立高效、便捷、安全的电子登记系统,提高行政机关工作效率。通过构建政府引导、市场运行、社会广泛参与的多方联动的知识产权投融资服务和环境支撑平台,实现信息共享,为技术创新提供可持续的动力和保障。

第二节 建立知识产权质押评估体系

针对我国目前产权质押评估规则匮乏的现状,再结合实践中我国部分省市已出台的知识产权质押评估实施办法或评估技术规范等规范性文件,应从以下几个方面完善我国知识产权评估规则。

一、建立统一的知识产权质押评估规范

虽然目前我国有《资产评估准则——无形资产》作为知识产权质押标的的评

估依据，但该规则太过原则性、缺乏针对性，与知识产权评估并不是很契合，因此应建立专门的知识产权质押评估规范，或在资产评估准则中专章或专节规定知识产权质押评估规则，具体对知识产权的标的、价值、评估程序、评估方法及适用、评估结果的运用等内容进行专门的规定。

二、严格设立知识产权评估机构的准入与退出机制

（一）明确知识产权质押评估机构的准入条件

首先，参与知识产权质押的评估机构应当依法设立，依法取得《资产评估资格证书》。其次，知识产权质押评估机构须依法或依规严格履行其职责和义务。再次，知识产权质押评估机构应建立完善的知识产权评估管理机制和质量监督机制。特别需要注意的是，一定要设立责任追究机制，即违反规定因故意或重大过失造成评估结果失真而给相关主体造成损害时，知识产权质押评估机构应承担赔偿责任。

（二）明确知识产权质押评估机构的业务规则

明确知识产权质押评估机构的业务规则，包括在知识产权质押评估中，坚持"谁委托谁付费""评估结果定向使用""一质押一评估""实事求是、客观公正"等工作原则，规范知识产权评估行业规则。明确知识产权评估人员条件。知识产权评估人员应取得注册资产评估师执业资格证书，具有知识产权相关的专业背景，经过专业的评估技能培训，熟悉知识产权质押相关的法律法规，具有良好的职业道德。明确知识产权质押评估人员和机构的退出机制。应严格规定，评估人员因故意或重大过失，对知识产权进行违规评估，造成评估失真三次以上者，取消其知识产权评估资格。评估机构管理不善、指使或包庇知识产权评估人员进行违规评估时，应给予相应的行政处罚并停业整顿。

（三）明晰评估对象

根据知识产权质押的相关法律规范，为可转让的具有财产权性质的知识产权进行评估时：一要熟知法律的规定，明确委托评估的知识产权是否属于可质押的知识产权。具体而言，对知识产权各种类的权利要有清晰的认识，如常见的专利

权、著作权、注册商标专用权等，还有新植物品种权、集成电路布图设计权；二是要审核该知识产权的法律属性（证书编号、权利所有人、合法性、有效期限、保护范围等）。

（四）规范评估流程

规范评估流程，有助于防范因知识产权评估流程不合理或有所缺失而导致评估结果失真的情况发生。知识产权的评估除了关注评估机构对知识产权价值的评估，也不能忽略金融机构复核认定专业评估机构对知识产权价值的评估结果的流程。

关于知识产权评估机构的评估流程，应注意以下三点：一是评估的背景调查。应对该评估标的的法律状况、经济前景、技术发展和取代情况、使用许可情况等背景信息进行全面调查；二是评估的关键因素分析。应对评估标的的成本因素、市场因素、政策因素、企业经营条件、法律保护范围和期限、质押风险因素、质押标的变现能力的相关数据资料进行全面的分析；三是要根据知识产权质押标的的类型、状况和具体情况，采用一种或多种评估方法，确定知识产权质押的评估价值。

（五）明确评估方法及选择条件

知识产权评估通用的收益法、成本法和市场法针对不同的知识产权标的，其利弊不同。为了保证评估结果更合理更准确，选择合适的评估方法尤为重要。虽然评估方法可以单独适用或多种配套适用，但依然需要明确评估方法的具体适用条件和标准，避免为了方便省事而随意选择较为简便的一种评估方法而导致评估结果不准确的情况发生。

1. 评估方法

现有的无形资产评估方法以有形资产评估的方法为理论和实践的基础和蓝本。较为常见的知识产权评估方法有成本法、收益法和市场法。具体如下：

其一，成本法。根据目前理论与实务的发展情况，通常的成本法即重置成本法，是指在现实条件下，计算重新购置或建造一个全新的知识产权所花费的成本，并对该知识产权的陈旧贬值、功能贬值和经济贬值等各种因素进行综合考量以确定该知识产权之价值的一种方法。而在成本法当中，知识产权的重置成本和贬值率是其中非常重要的估算数据。首先，计算知识产权的重置成本，即对创造该知识产权时所花费的成本的估算与确认，其中可使用的估算方法包括核算法、倍加系数法等方法。其次，知识产权的贬值率，根据知识产权的损耗（包括陈旧性损耗、功能性损耗和经济性损耗等）情况而定。虽然知识产权不会像有形物一样被损耗，但却会因科技的发展和时间的流逝而产生损耗。通常情况下，如果科学技术的发展速度越快，则知识产权更新的速度就越快，知识产权的更新换代所花费的时间就越短，也就意味着该知识产权的功能性损耗或贬值就越快；如果某项知识产权可使用的年限越短，则意味着其陈旧性损耗越大；出于科学技术的优胜劣汰，或是市场竞争等因素，知识产权则有可能发生经济性贬值。而估算上述各种贬值的实践时，通常使用的是专家鉴定法和剩余寿命预测法。

其二，收益法。收益法是指将知识产权在将来的预期收益转换成资产现值，并对该资产现值进行价值评估。而在收益法当中，收益额、收益期限、折现率是知识产权评估的重要指标。首先，收益额作为知识产权评估的重要参数，是在正常情况下该知识产权的主体通过投资该知识产权，实现利润增长或节约成本，而在未来可能得到的回报。收益额的估算方法包括直接估算法、要素贡献法和分成率法等。其次，收益期限可根据知识产权的功能、周边条件和立法、政策或合同等因素确定。但其中最主要的限制条件是知识产权的剩余寿命和法律、合同对知识产权的保护和利用期限。而确定收益期限的方法可分为法定年限法、更新周期（可分为产品更新周期和技术更新周期）法和剩余寿命预测法等。最后，折现率是考量技术、时间、政策、法律、社会经济和市场等多种因素，是以将来收益折算为现值的一种比率。需要注意的是，在知识产权的评估中，折现率的任何微小变化都会导致评估结果的天壤之别。因此，折现率的确定需要遵守高风险高收益的原则，并以行业平均收益率为基础，坚持高于国债利率和银行利率的原则。

其三，市场法。市场法是指根据当前同类或相似的知识产权的价值为参照而确定被评估的知识产权的价值的一种方法。这种方法以市场已有的知识产权评估为蓝本，可以直接准确地反映知识产权市场对其的价值认知。市场法可分为直接比较法和间接比较法。直接比较法以相同类型的知识产权的评估价格为参照系，而间接比较法则以相似类型的知识产权的评估价格为参照系，只有关注到二者在功能效用、产品质量或技术水平、使用期限等众多因素之间的区别并作出合理的调整，才能尽可能地保证知识产权价值评估的真实性和合理性。特别需要强调的是，在采用市场评估法的过程中，找到一个或多个具有"可比性"的已被评估的知识产权作为评估的参照物是关键，而如何识别二者之间的"可比性"则是重中之重。

2. 知识产权价值评估方法的选择

知识产权价值评估方法的选择应注意以下几点。

其一，要明确评估的目的。在知识产权质押过程中，评估的目的通常会涉及知识产权的所有权转让、知识产权的许可、知识产权拍卖或是知识产权证券化中的一个或多个方面。如此，知识产权评估机构应针对上述一种或多种目的而综合评估某一知识产权质押标的的价值。例如，若以知识产权所有权转让为目的进行价值评估，那么其评估的关键点并不是该知识产权标的的成本，而应该是其将来可能带来的收益能力，因此知识产权的评估应以收益法作为优先考虑之处。又如以知识产权许可为目的的价值评估，则要以许可人自己能否继续使用，是否有权再许可第三人使用为考量标准，重点应针对该知识产权在独占许可、排他许可、普通许可等不同情形对其价值进行评估，收益法与市场法结合使用可能更有效。而在知识产权拍卖的情形下，则只需要对该知识产权的市场交易价值客观真实地呈现即可，采用市场法可能较为合理，因为最终知识产权的拍卖价格并不是由专业的评估机构评估出来的，而是买方和卖方在市场因素下通过博弈而决定的，而知识产权拍卖竞价之前的价值评估则是拍卖的基础。

其二，要明确知识产权评估的价值类型。根据我国财政部 2017 年《资产评估基本准则》，在资产评估中需要明确评估的价值类型。价值类型按评估的目的和评估条件的不同可分为市场价值和市场外价值两种。市场价值评估强调的是买方和卖方在双方自愿的基础上，应当谨慎行事，根据某项资产的评估交易价值而达成公平交易。因此知识产权评估的市场价值类型中的评估价值是知识产权在特定的时间下的假设的市场交易情形下的价值。市场外价值类型是包含了投资价值、清算价值、使用价值、质押价值等不同种类的价值类型的综合体。所以，在知识产权质押时，可能会涉及对知识产权的市场价值的评估和市场外价值，即质押价值的评估。因而，知识产权质押评估所适用的各种指标和参数会有所不同。

3. 明确知识产权质押评估的方法选择

上述常用的三种评估方法中，每种方法所适用的出发点有所不同。例如，收益法从利用某项知识产权在将来可能为其投资者带来多少收益的角度出发，而成本法从重新获得某项知识产权可能需要支付的成本角度出发，市场法则从与知识产权质押标的同类型的知识产权在交易市场上的交易价格出发。但是就知识产权质押的目的而言，其理应更关注知识产权在未来的收益和其在市场中的价值。因此，在质押过程中，相比成本法，知识产权的质押选择收益法和市场法更为合理。但在不同的知识产权中，其适合的评估方法也不尽相同。如针对专利权，其质押价值的评估方法中，收益法可能比成本法更为科学合理。而针对注册商标的质押，其质押价值的评估方法中，收益法和市场法较为合理。

第三节　设立知识产权质押融资保险

一、社会环境建设方面

（一）完善立法

侵权责任的量化，是知识产权保险研发和推行的基础，如果不能够细化知识产权侵权范围、索赔额度等各项要素，不能规范知识产权侵权诉讼的各项流程，那么就很难对承保知识产权的风险作出客观的评估，会导致知识产权保险的设计和推行遭遇很大的困难。目前，我国虽已经制定了《著作权法》《专利法》《商标法》以及相关操作细则等一系列的法律来调整知识产权的归属、行使、管理和保护等活动中所产生的社会关系。但是，从这些法律规定的具体内容来看，其操作性与合理性仍有所欠缺，对于侵权责任的量化只作出了原则性的规定，其不确定性和随意性较强，很容易导致判决标准弹性过大。

由于司法实践中对于保证保险的性质认识也存在较大分歧，在保证保险合同纠纷案件中，各法院对于保证保险合同的法律适用问题意见往往偏差较大。这些对于规范和发展保证保险业务都极为不利。

作者以为，相关法律法规的规定是知识产权质押融资中保险机制构建的基础，因此有必要对其进行完善，以期能够为我国知识产权质押融资中保险机制构建提供法律上的依据，规范各方主体的行为。具体而言，包括两个方面：一方面，修改《著作权法》等知识产权法律法规，对侵权责任的量化标准进行细化，对于知识产权侵权中具体的问题，如损害的推定、计算损失的鉴定、相当损害额的认定，作出详细的规定；另一方面，对《保险法》进行修改，明确保证保险的内涵。保证保险虽然属于财产险的一种，但是和责任险一样，其承保的危险和一般的财产保险有所区别，自然在合同的构成要件上也有诸多的不同。对于责任保险我国《保险法》就其区别于一般财产保险的内容作出了规范对保证保险却未加规定。因此，作者以为可以借鉴责任保险的这种方式，对保证保险的定义、性质、适用范围及其区别于一般财产保险的规则、当事人的权利义务内容等作出具体的规定。

（二）健全信用管理体系

首先，在保证保险中，投保人提供的信用信息是保险人决定是否承保以及确定费率的重要基础。在知识产权侵权保险中，投保人过往是否有过侵犯他人知识产权的记录也是保险公司承保时的重要考虑因素。但是目前，我国企业和个人的信用记录分散于税务、工商等不同部门，以及银行、保险、信用担保机构等金融机构，各个部门与金融机构之间又缺乏分享机制，未形成统一、完整的信用记录。银行、保险公司往往很难通过正规的方式和途径获取自己所需的信用记录，也很难以科学合理的方法核实投保人所提供的信用信息。

其次，目前我国的信用评级工作虽有一些机构在做，但各家机构各行其是，没有统一的评估标准，结果往往千差万别。而在保证保险中，企业的信用等级是保险公司承保重点关注的内容，差别化的评级结果，会直接影响保险公司风险分析和费率厘定的合理性，不利于保证保险的发展。

最后，在近年的汽车消费信贷保险中，借款人故意拖欠贷款、骗保的行为频发，其中一个重要原因就是在车贷险合同订立以后，贷款人和保险人对违约者尤其是骗保者未给予应有的制裁，在客观上怂恿了骗保、骗赔事件的发生。知识产权保险和企业贷款保证保险中被保险人的道德风险问题同样突出。目前，虽然我国工商局在推行的企业信用分类监管制度在一定程度上起到了信用监督和失信惩罚的作用，但是其监管的主要内容是公司的年检、行政处罚等信息，监督的深度和广度有限，因此我国仍需要完善针对借款人信用的监督和惩罚制度。

作者认为，有必要从征信系统的建立、信用评级体系的完善和信用监督、失信惩罚机制的发展三个角度健全我国的信用管理体系，为知识产权质押融资保险机制的构建，营造一个良好的社会环境。具体包括以下几点。

第一，由政府牵头，银行、保险公司、担保公司等金融机构以及工商、税务等部门通力合作，利用大数据技术，构建企业和个人征信体系，并且设立公开查询机制。

第二，借鉴欧美国家在评级机制中的既有经验，建立其全国统一的评级制度。欧洲的各个国家基本建立覆盖全国的信用评级体系，一般由中央银行负责该体系的统筹建立。其中，法国是在该方面做得比较好的国家，它的主要形式是由法兰西银行负责收集数据，建立其专门数据库，并在这些数据的基础上对各个企业进行信用评级。作者以为，我国可以借鉴这种模式，由人民银行承担起建立统一的信用评级体系的责任。

第三，在征信体系的基础上，银行和保险公司联合行政机关对借款人的信用进行监督，综合应用信用减值、记入黑名单、行政处罚等方式将信用惩罚落到实处。

（三）加大政策支持力度

知识产权保险和知识产权贷款保证保险在我国都处于发展的初期，没有可供遵循的经验加以借鉴，因而蕴含着大量的风险，且较之于一般的财产保险，该两种保险本身风险较大，一旦发生风险，损失较大。同时，由于在我国知识产权质押融资中，融资主体主要是中小企业，其对保费的承受能力有限，这种风险和收益的不对等极大地挫伤了保险公司发展该类业务的积极性。在作者看来，在发展知识产权保险和知识产权质押贷款保证保险的初期，国家积极的政策支持至关重要。

目前，我国在知识产权质押方面的政策支持主要针对企业，而对中介机构如担保公司、保险公司等的支持相对有限，这一现状与国际上欧美发达国家的情况存在一定差异。在欧美发达国家，政府对本国中小企业保证保险体系的建立给予了大力扶持，通过设立政府基金、财政补贴、税收减免等多种优惠措施，鼓励和促进中介机构参与知识产权质押业务。此外，国际上对于知识产权质押的支持政策也更加明确和具体。在欧美国家，适用的知识产权类型主要为专利权，包括发明和实用新型专利。而对于商标权、著作权等其他种类的知识产权质押，支持政策也较为明确和具体。相比之下，我国在知识产权质押方面的政策支持还需要进一步完善。政府可以借鉴欧美发达国家的经验，加大对中介机构的支持力度，通过出台更多的优惠措施，鼓励和促进担保公司、保险公司等中介机构参与知识产权质押业务。同时，对于不同种类的知识产权质押，政府也应该明确和细化支持政策，以便更好地满足企业和中介机构的需求，推动知识产权质押业务的健康发展。

因而作者建议，在知识产权质押融资中，可以扩大政府政策支持的范围，对保险公司开展知识产权保险和知识产权贷款保证保险给予支持。具体而言，首先，可以对保险公司开展此两类保险险种实行单险种营业税减免，降低保险公司的经营成本，这不仅有利于提高保险公司发展该两种保险险种的积极性，同时随着成本的减少，将会降低保险费，最终有助于减轻小微企业资金成本。其次，在我国文化产业日渐繁荣的背景下，可以将知识产权质押融资中的支持政策从专利权逐步扩大到著作权、商标权等其他种类的知识产权质押中。最后，由于开展贷款保证保险本身风险较大，加之保证保险在我国发展时间尚短，保险公司的信用风险管理经验尚不富足，因此虽然企业贷款保证保险发展潜力巨大，但保险公司对该业务往往望而却步。基于此可以考虑建立起覆盖某一特定区域甚至全国范围的超赔风险补偿基金，对知识产权质押贷款赔付中超过保费收入或银行贷款特定比例的损失给予全额补助，对知识产权质押贷款的逾期风险进行分担，减轻保险公司的压力。

二、制度设计方面

（一）坚持多险种协同发展

知识产权作为一种无形资产，其价值的不稳定性强，仅靠一纸质押合同并不能够真正让银行安心，因此银行提出各种融资条件、设置严格的审查环节，以控制贷款的风险。可是，这些手段却提高了企业的融资成本，对企业投保该险种的积极性会产生极为不利的影响，会对知识产权质押融资的市场化发展产生阻碍。

在知识产权质押贷款的发放过程中，银行重点关注的是资金的安全性，即是否能够按期、如约收回贷款本息。企业贷款保证保险作为承保债务人信用风险的一个险种，能够起到分散企业贷款信用风险的作用，其在知识产权质押融资风险分散机制中的重要性不言而喻。

知识产权作为贷款的重要担保，其价值风险是知识产权质押融资过程中不可忽视的因素。由于知识产权的价值往往难以准确评估，其潜在的市场风险、技术更新风险等都可能对质押融资造成不利影响。此外，权利归属不清晰往往会加大知识产权的侵权风险，从而进一步加剧其价值的不确定性。因此，在纠纷发生前采取风险防范措施至关重要。知识产权保险作为一种风险管理工具，能够针对知识产权本身和潜在的侵权赔偿责任提供保障，有效减轻风险发生时对知识产权价值的影响，为知识产权质押融资提供坚实的风险屏障。结合我国知识产权保险发展的现状，进一步来讲，就是要在稳步推进专利执行保险的基础之上，开发针对著作权、商标权的知识产权执行保险。此外，借鉴专利执行保险试点的经验，积极开展有关知识产权侵权保险的试点。在构建知识产权质押融资保险制度的过程中，除了要重点发展知识产权贷款保证保险和知识产权保险，还应该不断丰富知识产权质押融资保险的内容，例如可以针对知识产权质押融资的相关环节，开发如专家评估责任险、产品质量险等保险品种。

（二）将知识产权保险纳入银行资信评估

中关村提出了发展知识产权保险的概念，旨在为知识产权质押融资提供更全面的支持和保障。然而，仅仅将知识产权保险作为质押融资的配套服务可能无法充分发挥其潜力和作用。在目前的知识产权质押融资保险中，因为知识产权价值的不稳定性特征和知识产权价值评估的潜在风险，银行在知识产权质押贷款业务中规定的质押率较低，一般情况下，发明专利授信比例通常在评估值的25%以下，实用新型专利的，则在15%以下，而实物抵押贷款的授信比例，一般在70%左右，高的可达90%。如果可以促使知识产权保险和知识产权质押融资建立起更为紧密的联系，将有助于提高知识产权的质押率，更充分发挥知识产权的价值，帮助中小企业更好地达成融资目的。

从房地产抵押贷款业务的操作方式来看，银行往往要求企业作为投保人以押房屋为标的物投保财产险，以银行作为被保险人，当发生保险事故时，银行通过保险金的获取来保证贷款资金的安全。在知识产权质押中，是否可以借鉴该机制呢？作者以为不能简单模仿，原因如下：首先，对知识产权执行保险而言，其运作的原理是通过为企业维权提供保险金保障，鼓励企业通过诉讼积极维护自己的权利，获取侵权赔偿，减少损失。如果将银行规定为被保险人，保险金将被给予银行，不符合知识产权保险的运作机理，不能够达成保护知识产权之目的；其次，从知识产权侵权保险的角度来讲，知识产权侵权保险从性质上讲是一种责任保险，其除了有分散潜在侵权人因侵权而产生的风险之功能，还有保护被侵权人的重要意义，所以其保险金应该给付予被侵权的第三人，也不适合将银行约定为被保险人。

因此，作者认为，对于知识产权保险和知识产权质押贷款的结合更为合适的方式是将企业投保知识产权保险的情况纳入银行的资信评估标准中，对于投保了知识产权保险的企业，根据其投保金额，适当地提高其质押率。这不仅可以更充分实现知识产权的价值，而且对于推动知识产权保险发展也有一定的积极意义。

（三）完善保险合同内容

1.知识产权贷款保证保险

首先，扩大保险人保险责任范围。有些保险公司的企业贷款保证保险中约定，保险公司仅就银行按约定向投保人和担保人进行追偿后，不足以清偿投保人的借款本金与借款利息的剩余部分，承担保险责任。作者以为应该取消这种限制，改约定为：保险事故发生后，保险人对投保人尚未清偿的借款本金和利息部分，承担保险责任。

其次，完善保险人代位求偿权条款，明确质物处置的操作方式以及保险人和被保险人的风险分摊机制。在我国当下的企业贷款保证保险合同中，出于道德风险防范的考虑，一般都设置了绝对免赔额（率）。因此，一旦发生企业还贷不能的危险时，在保险公司向银行给付保险金后，银行的债权可能尚未得到完全的清偿，此时银行基于原有之担保债权对知识产权享有优先受偿权，保险公司则享有代位求偿权，有权要求投保人承担赔偿责任，由此两者之间可能产生冲突，可是分别求偿又不符合效率原则。因此，作者以为可以通过条款的完善，明确由保险人对质物进行处置，对取得价款后所剩余的未获取赔偿的部分，由保险公司和银行按照一定的比例进行分配。

最后，取消反担保条款。前文已经分析了反担保条款存在混淆贷款保证保险之保险性质之嫌，而且额外加重了投保人的负担，会对推广知识产权贷款保证保险产生障碍。基于此，作者认为，应该在知识产权贷款保证保险保单中去除该条款。为此，一方面，保险公司在条款设计时应加以注意，另一方面，保险监督机构应该加强这方面的监管。

2. 知识产权保险

首先，在我国的专利执行保险和专利侵权保险中，对投保人的告知义务并未做出特别的规定。投保单中，关于投保专利的告知部分，也仅包括了投保专利的专利号、名称、转让许可情况三个方面，而反观美国在知识产权侵权保险中则设定了相当严格的告知义务，不仅要求被保险人说明专利的制造、使用、销售、广告和发行情况，还要求投保人提供与专利有关的产品清单、财务年报表、所有的产品宣传册，并书面说明其在知识产权风险管理做法和以往该方面的诉讼经验。作者以为，可以借鉴美国的做法设定更为详细和严格的告知义务，这对于预先防控知识产权保险风险和规范企业的知识产权管理都有积极意义。

其次，在理赔条款中，我国现有的知识产权保险也未作特别的规定，而美国在其专利侵权保险条款中，规定了投保人在保险事故发生时，不仅像一般财产保险一样要告知保险公司侵权事实和相关证据，而且要向保险公司提供由独立专家出具的关于该问题可执行性、有效性和侵权状况的一个倾向性的意见函。这主要是为了防范投保人滥诉的道德风险。作者以为，我国同样有必要向美国学习这一点，在理赔条款中做出类似的更为严格的规定。

第四节 鼓励多方参与共担风险

知识产权基于其无形财产性质、价值的不确定性等特点，以知识产权质押融资存在较大的风险，构建多方合作共赢的风险共担机制，促进知识资产向知识资本的转化，是我国从知识大国向知识强国转变的重要制度。

一、政府通过政策引导共担知识产权质押融资风险

知识产权决定着国家经济发展的速度和质量，我国虽然已经成为知识产权大国，但尚未成为知识产权强国。作为垄断性权利，政府从社会公共利益与企业私

人利益的平衡角度出发，扶持企业积极活化知识产权，出台中小企业的各种支持政策，从国家到地方政府，以多种形式对其进行经济上的支持，共担融资过程中的风险，帮助其渡过难关，促使其成长为有竞争力的企业，并鼓励企业在此基础上进一步发掘知识产权的效用，从而得以发展和壮大。

但是，要特别强调的是，知识产权质押本质上是一种市场行为，从国家对知识产权机构改革纳入国家市场监督管理总局，由其履行商标专利侵权的行政执法职责可窥一斑。长期以来，实践中政府运用财政资金进行的著名商标认定因饱受争议已被叫停。但近年形成从国家到省、市、（区）县乃至工业园区对专利申请的奖励政策，促使这几年专利申请量虽上升迅速，但同时也带来了不少专利质量问题，亦有弄虚作假的垃圾专利。专利、商标、著作权、软件著作权、集成电路布图设计、新植物品种等作为知识产权，其市场价值取决于其在市场竞争中活化利用的程度，政府不能越俎代庖，否则会既违背市场规律，又浪费财政资金。

2011年10月，浦东新区与浦发银行上海分行共同推出了一种银行自行开展质押融资为主的合作模式。根据这一合作，新区政府将为银行提供2%的质押贷款风险补贴，并对放贷额度达到5亿元的银行提供1%的额外奖励。同时，上海市科委还为支持浦东新区的知识产权质押融资业务投入3000万元的专项资金。在成都，一旦企业贷款出现问题，政府将承担其中90%的损失，银行仅承担10%，扶持力度之大，让人叹为观止。

如果称之前的政府担保模式为"间接质押融资模式"，那么此次的创新模式则是"直接质押融资模式"。实践证明，企业和银行"单线联系"后的借贷更具活力。

二、采取组合担保形式共担知识产权质押融资风险

中介机构担保形式是知识产权质押融资实践中运用较为广泛的一种形式，一般是资产评估机构为企业进行担保。但是，由于知识产权价值受到技术发展和市场因素影响的不稳定性，对知识产权评估价值的差别较大，中介机构出于自身风险规避的需要，对知识产权会有意压低评估价值，所以担保、反担保、再担保等形式虽然能够共担一部分风险，但是对拥有知识产权的企业可能有失公允。

以版权质押的成功案例为例，目前主要是在影视领域，以中国版权保护中心

与中国工商银行珠市口支行、北京银行合作成果——版融宝产品为例，其风险防控有其代表性：质押标的选择单一作品标的较大、收益较高的领域，不采取单一贷款方式，而代之以信用贷、保证贷、抵押贷、质押贷、反担保、融资租赁等组合担保方式。在知识产权质押融资领域，由于权利价值标较高，因此选择适当的质押物至关重要。以影视作品的版权和剧本的版权作为质押物，不仅可以体现作品本身的市场价值，还能够反映出创作团队的专业能力和市场认可度。此外，共同质押的外购影视 IP 的改编权，更是为质押组合增加了独特性和市场竞争力。对于银行和担保机构而言，他们更看重的是已经拍摄完成的作品的预期收益。这是因为预期收益能够直接反映作品的市场前景和盈利能力，是评估质押物价值的重要依据。在这个过程中，电视台、影视互联网平台如优酷、腾讯、爱奇艺的应收账款也成为了重要的考量因素。这些应收账款代表了作品未来的收入流，是质押物价值的重要支撑。为了形成更加稳健的标的物组合，银行和担保机构会综合考虑多个因素，包括作品的市场表现、创作团队的实力、版权保护情况等。通过这样的组合，不仅可以降低单一质押物带来的风险，还能够提高整体质押物的市场吸引力和融资能力。在这个过程中，引入第三方担保机构起到了关键作用。这些专业文化类担保机构（如北京文化科技担保公司）能够为质押融资提供额外的信用支持，减轻银行承担的风险。一旦企业到期不能还贷，担保机构将对企业所担保的版权资产进行处置，从而将风险转移到担保公司。这也意味着担保公司需要对企业的实际偿还能力及版权质押物进行严格的判断和评估。而专业文化类担保机构对版权质押的审查，通过合作的专业评估机构进行，在资产处置方面也形成了自己的渠道。

在组合担保模式中，从风险分担比例可以看出担保机构几乎承担了整个模式中 100% 的风险。根据国际经验，担保机构通常根据贷款规模和期限来确定担保比例，并非进行全额担保，平均承担 70%—80% 的风险，剩下的部分需由银行自行承担。担保机构应加强与银行的沟通和合作，或由政府部门协助，合理确定担保机构和银行的风险分配比例，降低自身风险的同时，促进银行履行审查监督责任，推动知识产权质押融资业务整体良性发展。

在转移担保风险层面，担保机构还可以采取再担保或购买担保保险等方式将风险向第三方转移。具体来讲，担保公司承保后，对于评估风险较高的担保业务，向再担保公司提出担保申请，一旦发生代偿风险，担保公司可以直接从再担保公司获取补偿，抵销担保公司的大部分风险。同时，担保机构可以加强与保险机构的沟通与合作，要求保险公司制定适用于担保业务的保险产品，为风险较大的担保业务购买保险，虽然承担了一定的保费支出，但是可以有效补偿代偿风险造成的损失。

三、利用商业保险构建知识产权质押融资风险分散机制

在知识产权质押融资过程中，知识产权作为质押客体，其法律风险主要来自以下几方面：知识产权价值不确定的风险、知识产权存在侵权的风险（包括自身知识产权被他人侵犯和自身侵犯他人知识产权两种情形）以及其他原因导致债权人无法回收债权的风险。针对这些风险，加强与保险公司的多层次合作不失为一种风险分散的思路。

保险是一种典型的集中资金用于分散特定风险的制度，在现代社会中被广泛应用。知识产权质押融资中金融机构疑虑重重，债权的安全性是首要因素。如果能够通过大数法则合理计算风险可能造成的损失，从而确定和分摊损失，将金融机构承担的损失降到最低，对保险合同主体当为多赢的设计。对此，我国政府已经引导保险公司推出了一些保险产品，进行了有益的尝试。

（一）我国知识产权保险的发展历程

开始：高新技术成果转让保险属于契约责任保险。我国知识产权保险的尝试始于1999年，该高新技术成果转让保险合同的基本情况为：投保人为深圳深港工贸进出口公司与中国未来研究会，保险人为中国人民财产保险深圳分公司，保险标的为某戒毒药品的高新技术成果，保险事故约定为依据该技术生产的药品未达到主要性能指标或关键参数，即未达到预期效果，保险金额1000万元，保费20万元。从内容来看，该保险属于契约责任保险，保险公司主要对履约未达到预期效果承担赔偿责任。

发展：《中关村知识产权保险合作框架协议》与专利保险合作社。2004年，中关村知识产权促进局与中国人民财产保险股份有限公司签署了《中关村知识产权保险合作框架协议》，将知识产权和保险连接起来，解决技术成果转让过程中

的风险，本质上与前述个案一致，只不过属于规模化的一种尝试，带有政府引导的性质。2009年，广东省佛山市禅城区政府作为一方出资人，与保险公司、专利代理机构合作成立专利保险合作社，对专利侵权诉讼的诉讼费用承保，再由该区域内的有风险转移需求的企业或个人参与投保，政府遴选一部分专利代理服务机构，为会员提供专利服务。若有专利侵权行为，所需诉讼费用由保险公司予以理赔，参保的企业和个人还可以获得政府一定的保险费补贴。

推进：国家知识产权局与中国人民财产保险股份有限公司共同启动专利保险试点工作。自2012年起，国家知识产权局与中国人民财产保险股份有限公司共同启动专利保险试点工作，分3批确定27个试点地区，通过推动专利保险险种创新、优化运营模式、简化理赔程序、加大宣传力度、加强服务体系建设等，全面提升了专利保险的社会认可度。

以《中国人民财产保险股份有限公司专利执行保险条款》为例，专利保险的内容包括：被保险人、保险责任、特别不保条款、被保险人的义务、保险人的义务。保险责任包括两部分：一是立案或受理前发生的必要的、合理的调查费用、公证费、交通费、住宿费、伙食补助费，二是进行相关诉讼所支付的诉讼费用。

梳理我国知识产权保险的实践状况，借鉴国际经验推进中国知识产权的活化利用，是现实而理性的选择。目前，世界上知识产权保险主要包括两种：知识产权执行保险（Intellectual Property Enforcement Insurance）和知识产权侵权责任保险（Intellectual Property Infringement Insurance）。前者也称知识产权侵权排除保险、知识产权进攻保险，是指为了确保知识产权人的权利遭受他人不法侵害时有足够的诉讼费用维权，以为此所需的诉讼费用为保险标的，权利人或被保险人向保险人投保形成的保险合同。后者也称为知识产权防御保险，是指针对自身（投保人或被保险人）不适当侵害他人知识产权而被诉讼时应承担的诉讼费用以及被判定侵权后的损害赔偿费用，以此为保险标的，权利人或被保险人向保险人投保形成的保险合同。这两种保险的最大区别在于，侵权责任险的属人性偏高，保险公司在接受企业投保时，对企业的知识产权状况要进行尽职调查。企业知识产权的权利状态与其日常的知识产权管理状况密切相关，如发生侵犯他人权利的情形，正说明其知识产权管理存在重大漏洞。因此，保险公司通常严格限制被保险人转让保险合同。

从我国知识产权保险的实际运行看，前期的高新技术成果转让保险合同与国际上知识产权保险的概念不同，属于契约责任保险范畴。目前推行的专利保险属于国际上知识产权保险范畴，属于知识产权执行保险，主要用于自身权利受到侵犯的情形，保险标的主要为调查费用和诉讼费用。但是，以知识产权质押融资的文创企业和科技企业，多数为中小企业，其自身的知识产权管理水平一般较低，权利检索手段不够充分，可能还存在对第三人在保险期间实施的侵权行为的风险，因此，专利侵权责任保险作为防御性保险也应有适用空间。

（二）完善商业责任保险和保证保险制度

探索和总结知识产权质押融资中引入商业保险作为重要供给方的经验，符合我国知识产权强国的重大战略目标。北京市科委早在 2006 年就进行了有效探索，促成了交通银行北京分行开展"知识产权质押贷款"专项金融服务，并引入平安保险等保险公司，设置了律师执业责任险和评估师责任险等险种，用以规避质押融资中的估值及法律风险。《中国平安财产保险股份有限公司律师执业责任保险条款》第 3 条和《中国平安财产保险股份有限公司平安评估师事务所职业责任保险条款》第 3 条均规定因过失行为致使委托人遭受经济损失，平安保险公司将依照合同约定予以赔偿。

此外，在知识产权质押融资过程中，中小企业往往以组合担保形式出现，担保机构也可通过保险转移担保风险。具体讲，担保公司承保后，对于评估风险较高的担保业务，向再担保公司提出担保申请，一旦发生代偿风险，担保公司可以直接从再担保公司获取补偿，抵销担保公司的大部分风险。同时，担保机构可以加强与保险机构的沟通与合作，要求保险公司制定适用于担保业务的保险产品，为风险较大的担保业务购买保险。虽然承担了一定的保费支出，但是可以有效补偿代偿风险导致的损失。从北京市科委的做法来看，保险公司、担保公司、中介机构多方参与，在第一个阶段，引入了平安保险等保险公司，通过购买律师职业责任险和评估师责任险来规避风险。这种保险机制的作用在于，当贷款出现坏账时，保险公司将对受损方进行赔付，从而减轻了银行和中介机构的负担。这一阶段的主要目的是通过保险机制，为知识产权质押贷款提供一层保障，降低业务风险。然而，仅有保险机制并不能完全解决所有风险问题。尤其是在保险公司核保赔付存在时间差的情况下，多家银行因为这一时间差而未能立即开展工作。为了解决这一问题，进入第二个阶段，引入担保公司。担保公司的角色在于，在保险公司核保未付阶段，预支过桥资金，先期向银行偿还贷款，从而避免了银行出现坏账的可能。这一阶段不仅增强了风险控制能力，也提高了贷款业务的灵活性。到了第三个阶段，进一步探索了如何分担中介机构的风险。在这一阶段，中介机构将企业向银行质押的知识产权在产权交易所等地进行拍卖处置。这一做法不仅为中介机构提供了一种风险分担机制，也使整个知识产权质押贷款业务形成了一个成熟的流程和模式。

拓宽保证保险的适用范围。"保证保险，是指保险人作为被保险人的保证保险费，因被保证人的行为或不行为致使被保险人（权利人）受到损失的，由保险人负赔偿责任。"保证保险的性质是保险，保险合同的主体包括保险当事人（债务人或债权人为投保人、保险公司为保险人）、保险关系人（债权人为被保险人），其基本的运行机理是：由债务人按照合同约定向保险人支付保险费，当债务人不能按期偿还债务时，被保险人享有给付赔偿的请求权，由保险人在保险金额范围内承担赔偿责任。我国实践中的出口信用保证保险、机动车辆消费贷款保证保险均为其表现形式，属于合同履约保证保险。我国《保险法》（2009）第95条将其作为一种财产保险业务予以认可。保证保险的本质是通过引入保险公司这一责任分散的主体，在保险人、投保人和被保险人之间进行权利义务的分配，达成风险分散的目的。保险公司则基于大数法则建立保费风险定价模型、测算保险费率水平，确定具体的保证保险产品，辅以相关的措施确保合理的盈利水平。

我国文创企业、科技企业等中小企业在融资过程中同样遭遇信用不足的问题，而这两种行业是标示国家发展实力的朝阳产业。保险公司开发相关的保证保险产品，对接银行和中小企业投资融资需求，无论对于我国金融市场的健康发展，还是文创、科技行业的繁荣，都具有重要的意义。科技、文创企业作为投保人，保险公司作为保险人，银行等金融机构作为被保险人，根据费率水平约定保险合同的权利义务，同时科技、文创企业以其知识产权质押为保险公司提供反担保。当科技、文创企业不能按期偿还债务时，保证保险承保的危险——保险事故发生，则保险人按照约定向金融机构债权人支付保险金额，保险人支付后，可以通过实现反担保、再保险等方式实现追偿债权。

(三)知识产权质押融资保险的自愿性与强制性

保险作为化解知识产权质押风险的手段,其市场价值应由市场主体双方来确定,因此是否担保应遵循自愿原则。但是,知识产权的重要特征是其创造成本很高,而在信息公开后的传播费用很低,对知识产权保护的监督成本又太高,每个获得知识产权的主体均可能成为该知识产权的竞争者,因此知识产权具有公共物品的属性。且知识产权作为垄断性权利,与一国特定时期的法律政策直接相关,难免带有政府干预的色彩。

我国知识产权质押融资主体多数为中小企业,其核心资产为知识产权,但权利保护意识较弱,遭遇侵权问题时,难以承受长期诉讼的负担,维权的诉讼费用也可能构成主要障碍。此外,中小企业享有的知识产权还可能由于能力等所限未进行有效的权利检索从而侵犯他人权利。尽管如此,企业自愿投保的意愿并不乐观。若多数拥有知识产权的中小企业不愿投保,保险公司缺乏足够的数据依据测算出合理的费率,无法开展相关的保险产品业务,导致中小企业知识产权质押融资过程中的风险无法扩散,这种情况即使在欧洲国家也不例外。

我国国家知识产权局目前推行的专利执行保险是政府引导性的保险类型,由试点单位与保险公司之间根据自愿原则签订合同,政府给予相应的补贴政策,但是,这种形式实施范围有限。为了集合众人之力分散风险、扩大适用范围、设定强制保险无疑是最好的举措。而强制性保险,是由法律强制规定必须参加的保险,国家之所以在特定领域推行强制性保险,原因在于:保障社会公众利益、保护公有财产、保证保险公司经营盈余。从我国已经推行强制性保险的领域看,主要有:机动车第三者责任险、船舶污染强制责任保险、煤矿企业意外伤害保险、建筑行业意外伤害保险、旅行社职业责任保险等。这些领域推行强制性保险的正当性主要基于保护公民人身财产安全的因素。而知识产权要推行强制性保险,只能从促进知识产权活化利用,保护我国社会公共财产的最大化,增强我国在国际中的竞争地位的战略高度予以考虑。但是,从现实情况看,中小企业本来经济实力薄弱,强制性保险可能增加企业的负担,目前仍然以政府引导性为主较为妥当。

综上,不可否认,上述一系列的制度设计本质是风险的逐级转移,而其关键环节是知识产权的价值显现。如果企业通过获得资本使知识产权的价值得以发挥,则各方的风险就能得到化解。因此，最后的接盘者必须对知识产权的价值具有绝对的控制权，评估机构的选择、收益的监控要进行相应的信息披露。

四、吸引其他机构加入知识产权质押融资风险共担机制

鉴于知识产权质押所具有的风险，建立互利共赢的风险共担机制，是比较理想的商业模式。在实践中，政府为了鼓励市场主体参与知识产权质押，前期往往会承诺承担一定比例的风险，随着社会经济的发展和金融创新的推进，知识产权质押业务逐渐成为一种新的融资方式，受到了各类企业和机构的关注。在这一背景下，资产评估机构、律师事务所、担保公司等多家机构也逐步参与其中，形成了多元化的合作模式。以交通银行北京分行的"展业通——中小企业知识产权质押贷款"为例，这一金融创新产品的推出，不仅为中小企业提供了一个新的融资渠道，更在风险控制方面进行了有效的探索。为了化解风险，该行引入了多家中介机构共同参与运作知识产权质押贷款业务。这些中介机构包括北京市经纬律师事务所、连城资产评估有限公司、北京资和信融资担保有限公司等，各自按比例承担一定的责任和风险。这种合作模式不仅分散了风险，也提高了贷款业务的透明度和公正性。除了银行机构外，政府部门也在积极推广知识产权质押贷款业务。北京市文资办就是一个典型的例子。该机构积极支持拥有核心知识产权的文化创意企业，通过与资产评估公司和律师事务所合作评估，以知识产权质押发放贷款的方式给予重点支持。这种支持不仅有助于推动文化创意产业的发展，也为知识产权的商业化利用提供了更多机会。

参考文献

[1] 宋河发. 知识产权投融资 [M]. 北京：知识产权出版社，2023.

[2] 吴汉东.2023 知识产权法 [M]. 北京：法律出版社，2023.

[3] 王肃. 知识产权总论第 2 版 [M]. 北京：知识产权出版社，2023.

[4] 周长玲. 知识产权法 [M]. 北京：中国政法大学出版社，2023.

[5] 张才琴，杨熙，吴开磊. 知识产权运营理论与实务 [M]. 北京：九州出版社，2022.

[6] 赵丽莉. 新技术变革与知识产权保护 [M]. 青岛：中国海洋大学出版社，2022.

[7] 夏露. 知识产权 [M]. 北京：经济科学出版社，2022.

[8] 崔忠武，于正河. 知识产权管理实务 [M]. 北京：中国政法大学出版社，2022.

[9] 王翀. 知识产权理论与实务 [M]. 北京：知识产权出版社，2022.

[10] 朱雪忠. 知识产权管理 [M]. 北京：高等教育出版社，2022.

[11] 魏巍. 知识产权质押融资国际经验与借鉴 [J]. 中国金融，2023，（23）：93-94.

[12] 刘银良. 再论《著作权法》中的公众使用权：互依性的视角 [J]. 知识产权，2023，（11）：3-22.

[13] 王海刚，童瀚喆. 知识产权质押融资现状、困难及对策——以科技型企业为例 [J]. 时代金融，2023，（11）：90-92.

[14] 郑金涛. 论跨境电商时代专利权人的出口权 [J]. 中国流通经济，2023，37（10）：103-115.

[15] 王宇. 知识产权质押融资概况、问题及对策 [J]. 金融博览，2023，（10）：14-15.

[16] 王宇星，马璐瑶，李敏. 我国知识产权质押融资制度的特点及完善建议 [J]. 金融博览，2023，（10）：16-17.

[17] 伍子健. 我国网络著作权保护制度的完善分析——以短视频著作权为例 [J]. 法制博览，2023，（28）：130-132.

[18] 赵炳乾，马成举.中小企业专利权质押融资模式创新与项目风险管理研究[J].现代商业，2023，(16)：124-127.

[19] 龚成涛.著作权侵权的法律解析[J].法制博览，2023，(23)：98-100.

[20] 来芸.担保权人在专利权质押企业融资的评估需求分析[J].上海企业，2023，(08)：24-26.

[21] 施贝.专利权质押融资政策对企业创新的影响研究[D].南京：南京信息工程大学，2023.

[22] 代东梅.我国知识产权质押融资法律制度研究[D].蚌埠：安徽财经大学，2023.

[23] 董璐.人工智能企业知识产权质押融资风险评估研究[D].桂林：桂林电子科技大学，2022.

[24] 雷萍.高新技术企业知识产权质押融资价值评估[D].南昌：江西财经大学，2022.

[25] 王鉴.知识产权质押融资价值评估[D].武汉：中南财经政法大学，2022.

[26] 胡晓阳.专利质量评价在质押价值评估中的应用研究[D].武汉：中南财经政法大学，2022.

[27] 庞舒.科技型中小企业知识产权质押融资模式研究[D].济南：山东财经大学，2022.

[28] 陈文清.知识产权质押融资试点政策对城市创新能力影响研究[D].合肥：中国科学技术大学，2022.

[29] 史佳妹.地理标志质押融资法律制度研究[D].新乡：河南师范大学，2022.

[30] 宋春燕.专利质押融资立法研究[D].兰州：甘肃政法大学，2022.